华亭一脉

申城之根 老城厢

主编：苏秉公

副主编：叶谦逊　张林凤

文匯出版社

古邑新辉

——《华亭一脉·申城之根老城厢》序

李伦新

岁月悠悠，我与《华亭一脉》的编撰团队，已携手走过15载合作交流之路。这漫长的时光，似一条无形的纽带，将我们紧紧相连，并肩同行。他们怀揣着对于上海历史文化资源的炽热情感，以一种近乎执着的精神，深入挖掘、潜心钻研，并不遗余力地进行传播。这份持之以恒的热爱与坚守，让我心中盈满敬佩之情。

《华亭一脉》独具匠心，以民间说史的独特视角，缓缓掀开上海老城厢尘封已久的历史帷幕，将那些被岁月掩埋的故事娓娓道来。这些故事，对我而言，绝

非简单的文字堆砌，而是一根根细腻的丝线，精准地扣住了我生命的脉络，让我在其中寻觅到了自己成长的根脉。

忆往昔，我曾在那充满人间烟火气的老城厢里生活、工作，每一寸土地都留下了我珍贵的回忆。后来，我奉命奔赴郊区，甚至远行至外地，在劳动锻炼的岁月里，经历了20年的风雨洗礼，身心在磨砺中不断成长。直到1979年，改革开放的春风如甘霖般洒遍神州大地，我有幸搭上时代的快车，再次回到区机关工作（那时，老城厢尚属南市区），后来还肩负起了区长的重任。如今，我已至鲐背之

年，往昔人生旅途上的那些崎岖坎坷、艰难困苦，依然如昨日之事般，清晰地浮现在眼前。老城厢"贵在一个'老'字，也难在一个'老'字"，这看似质朴的话语，实则蕴含着深邃的内涵。正是因为对这一点有着深刻的领悟，我对这片土地的热爱愈发深沉，也更加坚定了我为它的建设与发展倾其所能、奉献一切的决心。

老城厢，作为公认的上海城市之根，宛如一座蕴藏着无尽宝藏的宝库，拥有着丰富而深厚的历史文化底蕴。这些文化瑰宝，是独一无二、不可复制的，理应得到我们的高度重视与精心呵护。在担任区长期间，我深感肩头责任重大。为了全方位展示老城厢的历史文化风貌，提升区域的文化氛围，经过多方的协商与努力，1999 年，在这个纪念新中国诞生和上海解放 50 周年的特殊时刻，在文庙街口和人民路丽水路口，两座充满中国特色的牌楼拔地而起。

丽水路的牌楼，巍峨耸立，高 13 米，宽 13.8 米，两柱三顶的结构，雕梁画栋，色彩绚丽夺目。其顶部采用了传统的中国古建筑风格，琉璃瓦覆盖，四角微微上翘，庄重而不失典雅，尽显古韵之美。这座牌楼，是市、区相关单位和企业等慷慨资助 20 多万元建成的，在当时，无疑是一笔相当可观的数目。时光流转，这座牌楼至今依然屹立在街口，成为了上海老城厢的一个重要地标，见证岁月的变迁。

牌楼朝北一面的横匾，原本书写的"豫悦佳宾"四个字，如今已悄然改成了"豫园旅游商城"；而朝南向阳一面的横匾上，当年由书法家徐伯清先生以瘦金体题写的"古邑新辉"四个大字，历经岁月的洗礼，依旧闪耀着熠熠金光。我曾向本书主编苏秉公先生详细讲述了牌楼建设的经过，还向他透露了一个鲜为人知的秘密：记录当年出资单位和个人名单的小册子，在牌楼施工时被装在一个封闭焊接的小匣子里，随着施工人员的操作，被深埋在了牌楼基座底下。他听后，兴奋地对我说："这个好啊，它把大家对老城厢的深情厚谊也深深埋在了各自的心中！"

确实如此，自1993年我调离这里，至今又过去了30多个春秋。在这漫长的岁月里，经过几代人的不懈努力与辛勤付出，老城厢这片充满生机的土地发生了翻天覆地的变化，日新月异的发展让它焕发出新的活力，吸引着来自全国各地乃至世界各地的游客纷至沓来。那座"古邑新辉"牌楼，如今已然成了人们竞相拍照留念的打卡胜地，诉说着老城厢的魅力与变迁。

我坚信，《华亭一脉》这本书，必将如同一把钥匙，打开人们心中对老城厢历史记忆的大门，激起更多人回顾历史、总结经验的热情。在未来的日子里，人们必将继续奋斗，让老城厢绽放出更加绚烂的新辉煌，续写属于它的传奇篇章！

（作者曾任上海市南市区区长，中共南市区委书记，上海市文联党组书记、常务副主席等职）

华亭一脉

编者的话：
重拾老城厢的烟火与记忆

华 夏

《华亭一脉——申城之根老城厢》（简称华亭一脉）已然付梓，携着浓郁醇厚的历史文化气息，迎面而来。

上海是一座承载着无数记忆与梦想的都市，黄浦江畔的老城厢，乃上海历史之发祥地。其历史源远流长，迄今已逾730余载。北宋时期，朝廷于上海浦河道旁设立征收酒税之办事机构"上海务"，由此拉开这片土地繁华之序幕。南宋之时，已发展为人员汇聚、交易繁忙、税收丰厚之市镇。元至元二十九年（1292），上海县正式设立，这里便成为上海城市后续发展之核心区域。上海县城由今人民路与中华路围合而

成，别具特色。昔有城墙护卫，城内河网纵横，江南水乡之韵味与传统城镇格局完美交融。豫园、文庙等诸多传统中式建筑，传承着中华文化之魅力。沉香阁、白云观、小桃园清真寺等共同营造出多元的宗教氛围。以城隍庙为中心之地域，商业繁荣，民俗文化深厚，留存着传统的江南生活方式。此处亦是文化名人驻足之所，诸多传奇故事流传其间……面对如此一座县城，1843年上海开埠之际，竟有人称上海为"小渔村"，此论实应正本清源！

依字义而解，"城"乃指城墙以内之地域，"厢"为城外随城里一同发展之地

4

上海曾经有过的十座古城门

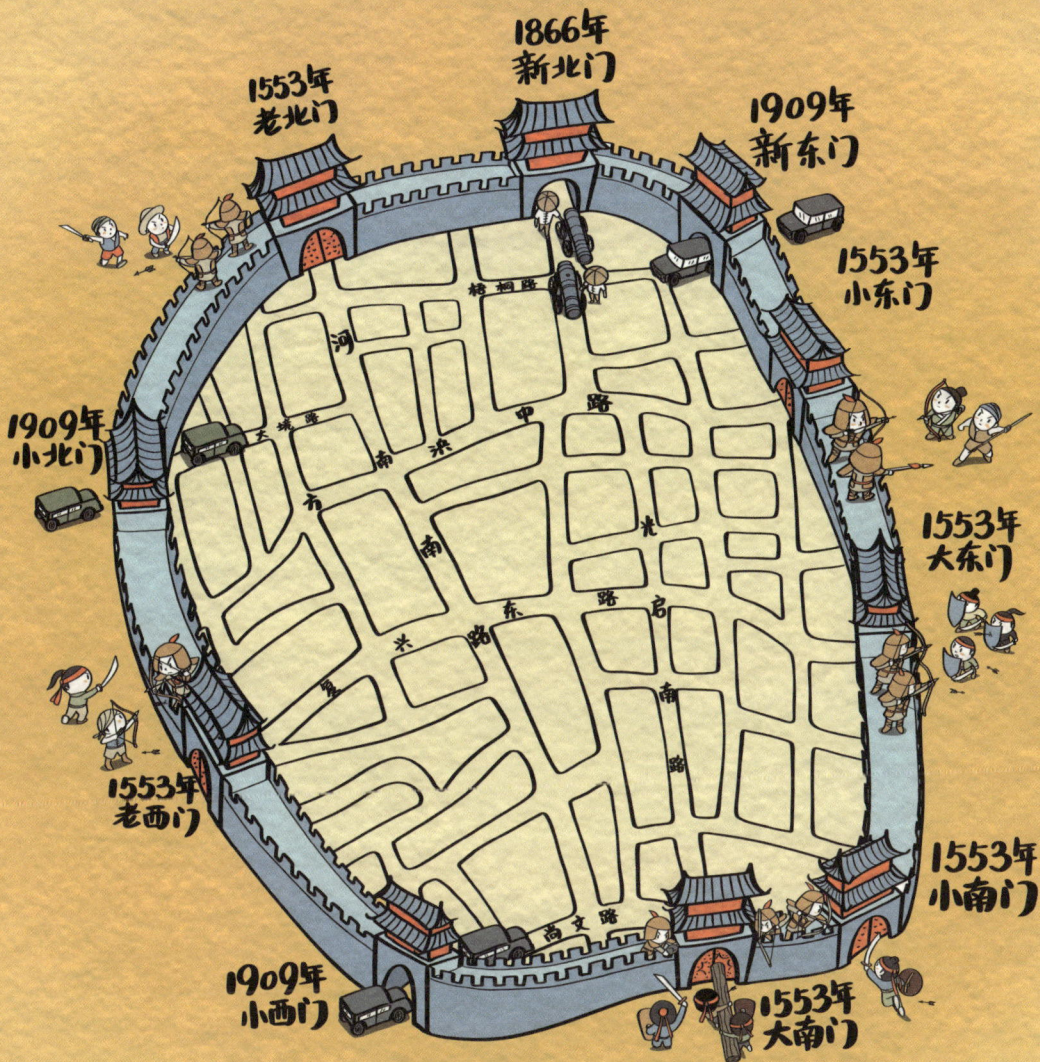

1553年 老北门

1866年 新北门

1909年 新东门

1553年 小东门

1909年 小北门

1553年 大东门

1553年 老西门

1553年 小南门

1909年 小西门

1553年 大南门

上海老城十座城门另有雅名：朝宗门（大东门）、宝带门（小东门）、朝阳门（小南门）、跨龙门（大南门）、仪凤门（老西门）、晏海门（北门）、障川门（新北门）、尚文门（小西门）、拱辰门（小北门）和福佑门（新东门）。

带，"城厢"则为城内及近城之处的统称。本书所涉叙事之豫园街道、小东门街道与老西门街道，恰为上海老城厢之区域范围。此地恰似一部厚重史书，承载着上海之历史记忆与文化特色，有着无尽的故事待我们去探寻挖掘。

《华亭一脉》是上海华夏文化创意研究中心"黄浦岁月"民间说史活动继《独秀一隅》与《海派一街》之后，再度为众人呈上的一本极具魅力与价值之新书。过往之海派文化研究，多聚焦于开埠后租界所带来之影响，由此塑造了上海对外开放之格局，展现出其开放包容之特色。然而，租界在上海历史上仅存百余年，而在上海建县以来的730多年历史长河中，我们不可无视租界建立之前上海已有数百年之悠久历史传承，更不能忽视租界以后上海百年间发生的翻天覆地之发展变化。从整个历史进程之视角来研究海派文化之起源、形成、发展及其本质，乃是学术界、理论界应尽之职责，同时也需要每一位上海市民积极参与其中。民间说史，以普通百姓之视角呈现自身经历、家庭传说以及城市历史发展之细节，实乃市民参与之良好途径。这些故事充满人间烟火气，为政府修志提供了有益之补充与旁证。它让我们触摸到历史之温度，感受到普通人在历史变迁中的悲欢离合、喜怒哀乐。

在本书编写过程中，众多珍贵回忆与故事得以汇聚。这些故事看似平凡，却真实地反映了老城厢的往昔与当下。它们是历史的见证者，更是传承文化的宝贵财富。相信《华亭一脉》将引领读者步入上海老城厢的精彩世界，让大家更为深入地了解这座城市的历史与文化。同时，亦期望这本书能够激发更多读者对民间历史的关注与热爱，共同为传承和弘扬上海的历史文化贡献力量。

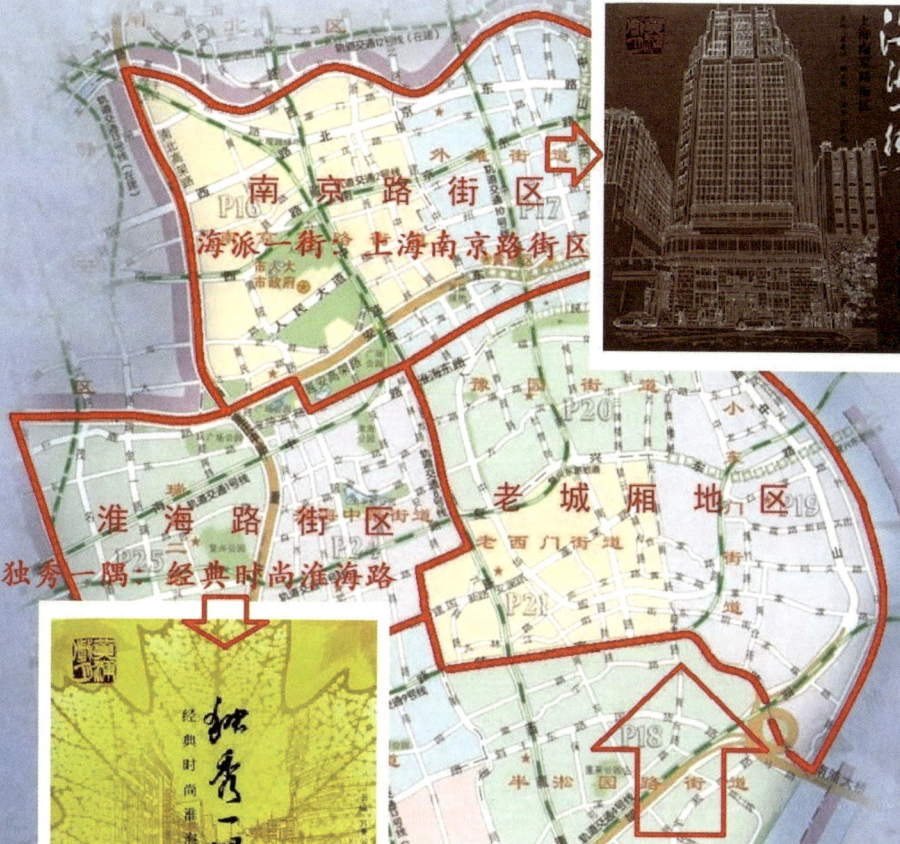

南 京 路 街 区
P16   P17
海派一街分 上海南京路街区

海派一街
上海市南京路街道

淮 海 路 街 区
P2
独秀一隅·经典时尚淮海路

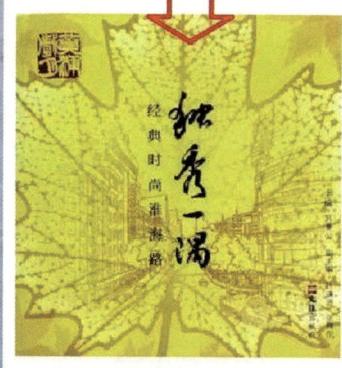

豫 园 街 道
P20
老 城 厢 地 区 P19
老西门街道
P21

独秀一隅
经典时尚淮海路

半淞园路街道
P18

《华亭一脉》所涉叙事之豫园街
道、小东门街道与老西门街道，
恰为上海老城厢之区域范围。

《黄浦岁月》已展开民间说史活动区域范围示意图

7

溯源上海：源自松江，根在老城厢

苏秉公

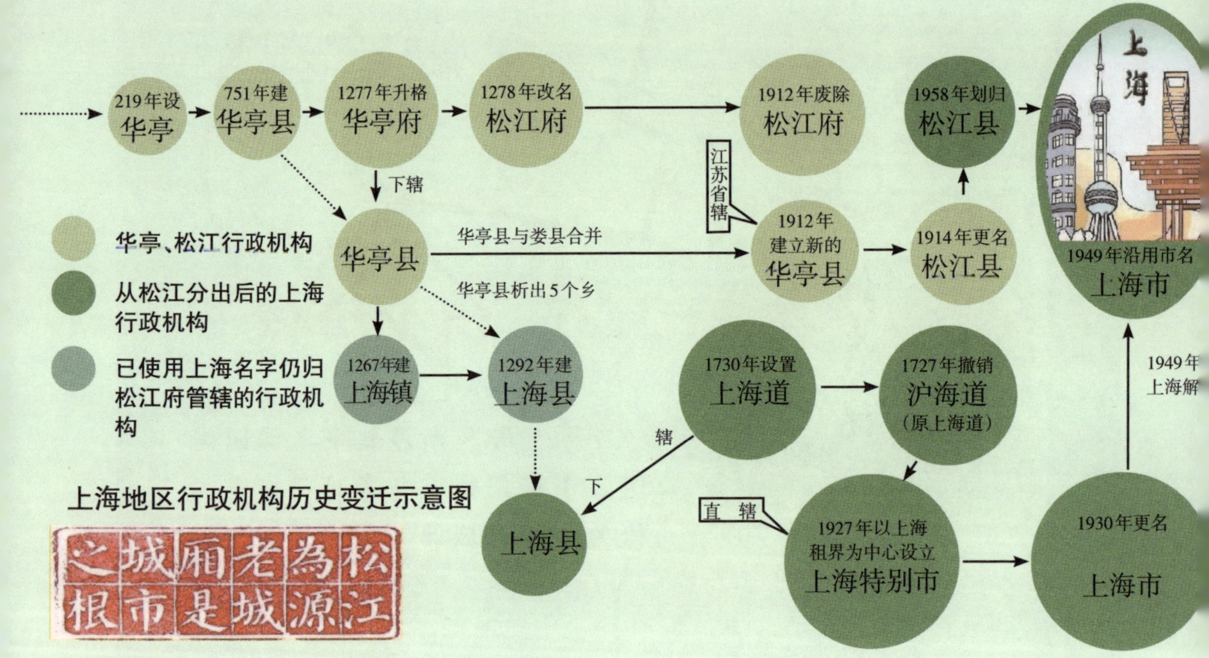

上海地区行政机构历史变迁示意图

- 华亭、松江行政机构
- 从松江分出后的上海行政机构
- 已使用上海名字仍归松江府管辖的行政机构

219年设 华亭 → 751年建 华亭县 → 1277年升格 华亭府 → 1278年改名 松江府 → 1912年废除 松江府

1912年 建立新的 华亭县 → 1914年更名 松江县

1958年划归 松江县

华亭县 —华亭县与娄县合并— 江苏省辖

华亭县析出5个乡

1267年建 上海镇 → 1292年建 上海县

上海县 下 辖

1730年设置 上海道 → 1727年撤销 沪海道（原上海道）

1927年以上海租界为中心设立 上海特别市 → 1930年更名 上海市

1949年沿用市名 上海市

1949年 上海解

松江 为 源 是 老城 厢 市 城 之 根

上海是一座充满魅力与活力的国际化大都市,其历史脉络一直备受关注。在探讨上海城市历史渊源时,有"松江是上海之根"和"老城厢是上海之根"的不同说法,两种说法均有各自的依据。本文的观点是"溯源上海:源自松江,根在老城厢"。这里提出了"城市之源"与"城市之根"这两个概念,虽然都与城市的形成和发展有关,但它们侧重的方面有所不同。

"城市之源"通常指的是城市形成的起点或原因,它可能是一个地理位置的优越性,如河流交汇处、交通要道,或者是某个历史事件的发生地。这个概念强调的是城市诞生的条件和初始动力,是城市发展的起点。而"城市之根"则更多地指向城市的文化、历史和社会的根基。它涉及城市居民的身份认同、传统习俗、历史遗迹以及城市长期发展过程中形成的独特文化和社会结构。这个概念强调的是城市发展的深度和连续性,是城市存在的内在支撑。也就是说,"城市之源"关注的是城市如何开始,而"城市之根"则关注城市如何持续和发展。两者都是理解城市不可或缺的维度,但却从不同的角度揭示了城市的多重面貌。

从历史进程看,松江历史积淀深厚。远古时期,如今的上海地区还是一片汪洋,历经漫长地质变迁逐渐成陆。秦汉时期,实行郡统县、县下设乡的行政制度,乡里设"亭"掌管治安。公元219年,浙东会稽郡由拳县在此设立华亭,这是该区域早期社会发展的开端,也拉开了松江历史的序幕。唐天宝十年(751)华亭正式建县,这是这片土地上第一个独立的县级行政单位,其范围大致涵盖吴淞江故道以南,川沙经惠南至大团一线以西地区,标志着区域行政建制初步确立,境内宽阔的吴淞江入海口被称为华亭海,彰显其历史悠久。此后,元朝至元十四年(1277)华亭县升格为华亭府，次年改为松江府，原华亭县成为其下辖县，松江古称华亭即由此而来。松江作为华亭的后续发展形态，行政区域不断演变、拓展，政治、经济、文化等方面的影响力持续扩大，为上海地区的发展奠定了基础。上海在成为独立行政区之前长期隶属于松江府，因此在某种程度上，松江被视为上海发展的一个源头是比较合理的。

随着时间推移，吴淞江下游淤塞，青龙港航运功能受限。公元 1267 年，在吴淞江支流上海浦畔设立隶属华亭县的上海镇，取代了青龙镇的功能，"上海"这一地名开始崭露头角。公元 1292 年，从华亭县割出东北部 5 个乡建立上海县，与华亭县同属松江府管辖。老城厢作为上海县的核心区域，在历史长河中承载着上海政治、经济、文化中心的功能。清朝乾隆年间设置上海道（级别为府之上省之下），治所位于上海县城内，负责监督苏州府、松江府、常州府、太仓州三府一州的地方行政，在军事、经济和外交等方面发挥重要作用，为上海逐步走向区域大都市创造了条件。

在后来上海城市地位不断变化中，老城厢扮演了重要的角色。1843年上海开埠并设立租界，成为城市发展的一个重要转折点。当时，老城厢已经是商业繁荣的地区，它为租界在商业、航运、金融等领域的早期发展提供了经验和人力资源的支持。1912年，民国政府废除松江府，华亭县与娄县合并为新的华亭县，后因与甘肃省华亭县同名而改名为松江县，直接归江苏省管辖。1927年沪海道（原上海道改制而来）被撤销，以租界为中心设立了上海特别市，基本形成了上海目前的行政区划。上海解放后，松江县于1958年由江苏省划归上海市。

在这些历史演变过程中，老城厢始终在开放的氛围中吸收世界各地的先进思想文化和经济发展模式，经历了深刻的经济、文化和社会结构变化。随着租界的快速发展和日寇对华界的占领，上海的城市中心、商业、金融业、建筑业及各类产业逐渐从老城厢向租界转移，人们的生活习俗和文化偏好也发生了变化，形成了中西文化交融的海派文化。老城厢在整个上海的持续发展中发挥了积极作用，见证了上海从小地方发展为繁华都市的全过程，更加体现了它是上海城市发展的根基所在，称其为上海之根，同样有着充分的依据。

将松江视为上海的"源"，老城厢视为上海的"根"，是对上海历史发展脉络的一种形象的概括和描述，它强调了上海从古代松江地区的历史积淀中汲取养分，在老城厢这一核心区域生根发芽，并逐渐成长为今日国际大都市的历史演变轨迹，这种区分有利于对上海历史研究的进一步深化，也有利于人们对上海历史脉络的深入了解。然而，"城市之源"和"城市之根"虽然概念有别，但也有割不断的联系和相似的地方。上海这座城市源自华亭、松江，乃至整个江南地区，基因中带着江南传统的元素。唐朝政治家和文学家张说在《起义堂颂》中说："源浚者流长，根深者叶茂。"探究上海城市的根源，能深挖海派文化底蕴，传承历史遗产，增强市民文化自信和城市文化影响力，推动经济的发展，也有利于江南文化与海派文化的融合以及长三角一体化的建设。

溯源寻根，是对上海历史的深情回望，更是对未来发展的期待和展望。以上海的源与根为基石，以开放包容、创新进取的海派精神为羽翼，上海这座城市定会如奔腾不息的黄浦江，源远流长，润泽四方，成为全球瞩目的文化与经济高地，为世界城市发展贡献独特的上海智慧与上海方案。

古邑新辉 ｜ 李伦新

编者的话：重拾老城厢的烟火与记忆 ｜ 华夏

溯源上海：源自松江，根在老城厢 ｜ 苏秉公

人生华章

001

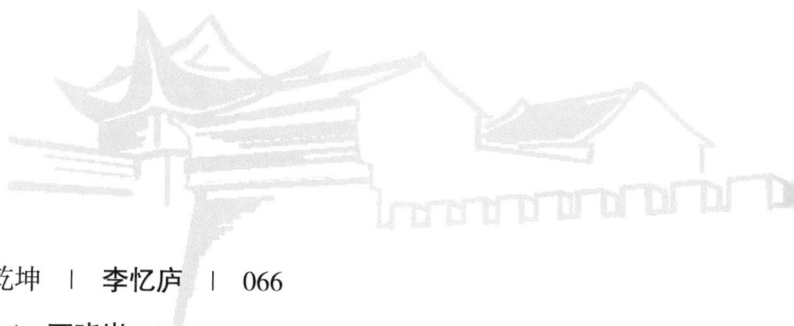

市井烟火

135

人生华章

RENSHENGHUAZHANG

老城厢沃土馨香，长卷上尽展芳华。名人集聚、凡人集居。拉近时光机，惊鸿一瞥，他们竞相走来。绿波廊酒楼的精致名点和大众美食交融，是食客难舍的舌尖情怀；梓园里王一亭挥毫龙飞凤舞，宾客盈门；乔家路明代名将乔一琦奋勇抗击外敌，英名传颂；豫园里陈从周和陈业伟足迹叠加……你不妨约上他们的年代，相聚下午茶，品出别样的韵味。

两代国王
与两代名厨的美食之缘

王天璇

▲ 两代名厨陆亚明(左)与父亲陆苟度

2021年3月,上海的初春乍暖还寒。豫园九曲桥畔依然熙熙攘攘,国家特级酒家"绿波廊"的金字招牌被春日的细雨洗涤得格外清爽。绿波廊总经理陆亚明在店堂中细致地做着最后的关照,从前厅到后厨,从桌椅摆放到食材准备,已不知是他今天检查的第几遍了。中午时分,柬埔寨西哈莫尼国王来到豫园,站在绿波廊外墙的雕花窗的老照片前,聆听着老国王与老字号之间悠长的情缘故事。

1973年2月,西哈莫尼国王的父亲,柬埔寨前国王诺罗敦·西哈努克(即西

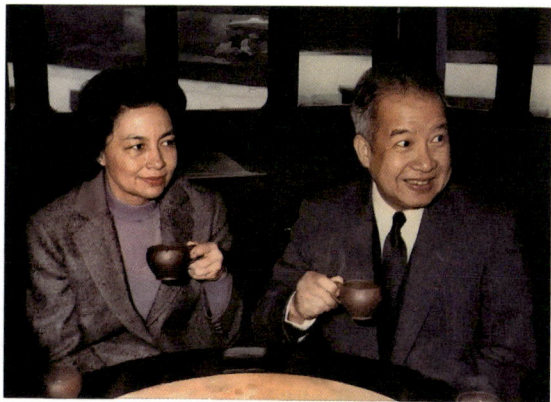

一九八七年三月 柬埔寨国王西哈努克
亲王和夫人在湖心亭品茗

▲ 西哈莫尼国王与名厨陆亚明在绿波廊餐厅合影

哈努克亲王)携夫人来访上海豫园。用什么样的美食来招待西哈努克亲王？这成为了当年的一道"课题"。原来，来到上海豫园之前，西哈努克亲王曾在南京夫子庙品尝过12道点心。为了让亲王体验到海派美食的美味，豫园一带多家餐厅的"精兵强将"们被专门抽调了

过来，其中就包括了苏帮点心泰斗陆苟度，这些高手将合力制作14道点心，希望在数量和口味上都更胜一筹。

14道点心，道道美味却又不能量太多，厨师们要将这些点心做到只只小巧玲珑，一口一只。于是，海派特色的"微型点心"出笼了。点心夹着菜肴共同推

3

出，这种民间俗称"雨夹雪"的做法也在此次宴席之后，成为了绿波廊的一大特色。

据说，西哈努克亲王对于在豫园品尝到的美食甚是满意，因为当天晚上，厨师们就接到通知，亲王希望第二天上午10点前把每个品种再送两盒过去。"一点宴天下"的佳话由此而来。

西哈努克亲王的到访直接促成了有关方面在豫园开设一家荟萃特色点心与海派菜肴餐厅的想法，1979年，绿波廊酒楼诞生了。陆苟度等一批当年宴请亲王时掌勺的名厨也都留在了绿波廊。

1987年3月，西哈努克亲王再度携夫人至豫园。此时，九曲桥畔的绿波廊已然是上海最著名的餐厅之一，亲王"闻香"而至。将近半个世纪之后，西哈努克亲王之子——当今的柬埔寨国王西哈莫尼带着对父亲的回忆来到中国上海，步入焕然一新的绿波廊，接待他

并为此次午宴掌勺的正是48年前为西哈努克亲王制作点心的陆苟度之子——绿波廊总经理陆亚明。

西哈莫尼国王得知这一消息后，惊喜地摊开了双手，开怀而笑。父子两代名厨为父子两代国王掌勺，子承父业的他们续写了48年的美食之缘。

为西哈莫尼国王这位特别的客人准备午宴，陆亚明并没有全然照搬1973年那份"国王的菜单"，而是将传统与创新融合在了一起：小笼包、枣泥酥、眉毛酥、宁波汤圆这几道都是48年前接待西哈努克亲王时制作的点心；黑松露脆莲嫩牛肉配蔬菜包、橙香菊花富贵鱼配顺风叶等，则是传统与创新结合的"雨夹雪"菜点；而四喜美点拼盘中呈上的葫芦酥、雪梨果、核桃团和锦鲤鱼都是老菜单中没有的"微型点心"，不但味美可口且形神兼备，称得上是中式点心中的精品。

历经半个世纪的发展，绿波廊的点

▲绿波廊餐厅外景

心和菜品无论是品种还是口味，都在不断丰富、不断创新，而一批批年轻人才的培养也为老字号的发展注入了新的血液，为海派美食的未来带来更大的想象空间。与此同时，绿波廊准备的"国王的菜单"从来不是曲高和寡、高不可攀。48年前，蟹壳黄、汤团、小笼包等上海人家常吃的点心便上了"国宴"。近年来，绿波廊也陆续将历史上招待外国元首和贵宾们的餐点开发，推上了寻常百姓的餐桌。

2014年亚信峰会时为各国第一夫人定制的"夫人套点"，2018年首届进博会欢迎宴上为迎接各国元首特制的"荷韵套点"等，这些绿波廊为外国元首与政要精心设计的点心，都没有被"束之

▲陆亚明为西哈莫尼国王制作点心

"我都吃不过来了,下次我还想来!"

从1973到2021,父子两代名匠与父子两代国王的美食之缘,历经48载,依然回味无穷。两代国王见证了绿波廊的诞生,见证了它因岁月的洗礼而成为誉满天下的老字号,也见证了它不断创新与蜕变。这份"国王的菜单"能品味的不仅仅是美食,更在于它的传承与创新。

高阁",而是成为了普通顾客都可购买品尝的佳肴。

陆亚明称,此次"国王的菜单"上的菜肴点心,依然是寻常上海人家能够吃到,不追求食材的昂贵罕见,而是注重工艺的传承和口味的保障,同时寄托对贵客的美好祝福的寓意。

"今日的菜肴和点心合不合您口味?"餐后,陆亚明向国王询问道。"非常惊艳!每道菜都做得非常完美、精致,好吃又好看。"西哈莫尼国王惊叹地说,

▲绿波廊色香味俱佳的点心选粹

今天，绿波廊楼梯的墙面上依旧悬挂着一张张各国名人政要光顾的老照片和文人墨客题词制成的铜牌，清晰地记载着它40余载所取得的非凡成就，以及许许多多令人津津乐道的故事。楼梯墙上最醒目的位置，可以看到西哈努克亲王与妻子在豫园湖心亭品茗的照片，照片中的亲王神采奕奕。在照片的下方，招待西哈努克亲王的14道海派名点被用行草制成了凹凸有致的铜牌以作纪念。那个对于豫园和绿波廊都有着特别重要意义的年份"1973"，也成为了店内的特别包间，房内屏风上绣绘的白玉兰栩栩如生，寓意着友谊长存。

时光流转、万象更新。绿波廊和豫园的老字号们在传承与创新中不断蜕变着，但始终不变的，是那些不会因时间流逝而被冲淡的美味与情感。

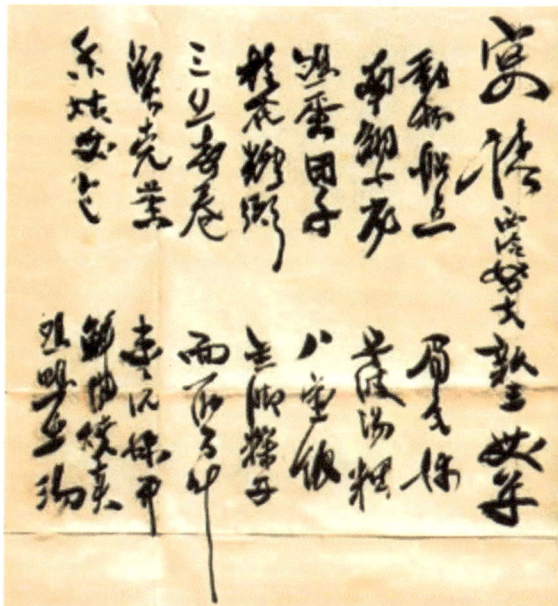

▲当年宴请西哈努克亲王的菜单

▲1987年陈从周在豫园指导修复工作

七分主人,三分匠人:

陈从周与豫园

潘语晨

在上海市中心原来老城厢的范围内，隐藏着一座江南古典园林，其始建于明嘉靖三十八年（1559），原是四川布政使潘允端的私人园林，取义"豫悦老亲"而名"豫园"。

步入园中，古树参差、花木扶疏，假山池塘星罗棋布，亭台楼阁、文物古迹掩映其间，是繁华闹市中的一片清幽雅静之地。而在晚清、民国时期，偌大的园林曾一度难以为继，由糖业、豆米业、布业等二十余个行业公所分管，还有一些建筑改成了民房。近代著名建筑学家童寯先生在调查江南园林遗存时说道："吾国旧式园林，有减无增。著者每入名园，低回唏嘘，忘饥永日，不胜众芳芜秽，美人迟暮之感！"解放以前的豫园，就如一位饱经沧桑的暮年美人，亭台破旧、假山倾坍，私搭乱盖的民居商肆遍布，那时的人们，或许只能从些许痕迹中，窥想她往日的风采。

能恢复至如今草木繁盛、曲径通幽的景象，离不开一代又一代豫园人的守护，也离不开一个人最初的贡献，他就是我国著名古建筑学家、园林学家陈从周。他不仅是豫园的修复者，他更是用自己的深厚才学，让这座古老的园林焕发出新的生命力。

通过先生的后人与学生了解到，陈从周先生骨子里其实是一位传统的中国文人，正如他的名与字——"郁文"与"从周"，取自孔子对周文化的赞美："郁

▲穿云龙墙

9

▲浣云假山

▲古戏台

▲九狮轩

郁乎文哉,吾从周。"他涉猎广博,学问甚深,诗词、散文、历史、书画、戏曲等无一不精。因喜作书画,拜入张大千门下,成为入室弟子。他酷爱戏曲,与昆曲大师俞振飞亦师亦友。也正是深厚的传统文化底蕴,让他能够更加接近园主人最初的想法,能够理解古人造园之精神,并将其融会贯通。中国园林重意境,本就是文人日常生活、交游的场所。先生的博学恰为其后来研究园林、修复园林,乃至形成自己的园林理论筑基垒石。

新中国成立后的豫园经历了20世纪50年代的修复、80年代的东部重建、90年代的增修,直至21世纪的功能完善。陈从周先生与豫园的缘分历经30余载,自1957年起,他两度主持修复工作,这里的一草一木、一石一瓦,都饱含着他的用心与热爱。

以画入园

"园林的每个观赏点,看来皆是一幅幅不同的画,要深远而有层次。小至一树的修剪、片石的移动,都要影响风景的构图。"这是陈从周先生从画理中悟出的造园之理,先生亦将这些理论践行至实处。听老一辈豫园人说,修复豫园时,先生对假山的造型、位置精益求精。石头的分量重,搬起来并不轻松,他便常常在口袋里备上一包好烟,或是派学生去园门口买,还要指定牌子,然后分发给师傅们。抽完一根烟,师傅们也有了干劲,跟着先生爬上爬下,把堆得不满意的假山一一重新调整,直至满意为止。得月楼前的浣云假山,就是先生亲自指点建造并命名的,取法山水画理"露顶不露脚"。山下是一汪溪水,每当天气晴朗,假山倒映在水中,与云影浑然一体,微风拂过,如洗白云于水间,如染假山于云端。

以曲悟园

先生从昆曲的情境、神韵中体会到传统园林的精神所在,唱词里"观之不

▲听涛阁与积玉水廊

足由他遣"，正是中国园林婉约含蓄与耐人寻味的表达。他曾对学生说："明末清初的戏剧、文学、书画、园林是同一种思想感情，而以不同方式表现。"修复豫园东部时，老君殿的假山背面尚有一块空地，先生心生一念，想要在此造一处融昆曲之妙与园林之美于一体的新景观。景观造完，意境已现，却苦恼于没有称意的题名。一日，先生的好友、著名昆剧表演艺术家梁谷音前来游园，她坐在廊下，歌喉乍转，唱起了昆曲。歌声经过山涧谷壁与水面的衬托修饰，愈加动听。先生从曲情中有所感悟，当即定下了此处的绝佳题名：谷音涧。先生的学生，也是后来的古建筑学家陆秉杰教授称赞其为："四百年建园之创造也，考其原始乃在于昆曲与园林之结合。"

以园为家

然而，修复园林并不是信马由缰的凭空想象，"古迹之修复，非仅建筑一端而已，其环境气氛、陈设之得体，在有史可据"。神来之笔的创作背后，是对园林历史脉络、文化内涵与现状细节的精深把握，如一位文化匠人，经年累月地细细琢磨、默默坚守。修园之前，须先收集文献图目，考据园史，勘察实地，对山石建筑的年代进行判断，掌握其时代特征，在此基础之上考虑修缮方案，必得将古物从中区分出来予以保护，并将后加的部分进行清埋和拆除。现在为人们熟知的黄石大假山及其作者明代造园高手张南阳，便是陈从周先生在20世纪五六十年代第一次修复豫园时一点点考证出来的。

明代造园大师计成在《园冶》中提到，造园是"七分主人，三分匠人"，并解释道："非主人也，能主之人也。"陈从周先生修复豫园，正是对这句话最好的诠释。1986年政府决定重建豫园东部，此时已近70高龄的陈从周接下了这一工程，他放弃了在当时可谓是天文数字的设计费与施工指导劳务费，换取的是能够从构思、设计、施工、选材、工艺全程把关。每位工匠都经过考试选拔，工匠每建造一个部分，他都仔细检查。他曾对弟子们说："豫园就是我的家！"园子里要选用什么树种、沙石比例怎么拌、石头与石头该如何拼……他都事无巨细，躬亲力行。

建筑大师贝聿铭盛赞其为"中国园林艺术之一代宗师"。园林，集建筑、书画、文学等各种精华，也是陈从周先生为中国传统文化寻找到的传承载体。而豫园的修复，从整体意境出发，求其神而非单纯的形，"以空灵高洁为归"，又未曾脱离历史本身，正如先生所言："是这一生最为满意的作品。"

陈业伟的豫园情结

张林凤

▲鱼乐榭正立面与侧立面

14

知道陈业伟，得从编辑《独秀一隅》说起。在这本书中，他撰写的《阅读中共一大纪念馆建筑群》，不仅文章专业精彩，配图亦令我耳目一新，在创意、构图、光影等拍摄手法上都体现出其摄影艺术深厚的功底。得知他退休前曾任职原南市区副区长，我思忖，这位老领导在文化艺术方面有造诣，期盼聆听他分享相关内容。

然而，近日在采访陈业伟的女儿陈蓓菲时，获悉令我悲痛的消息，陈业伟先生已于2023年1月因病离世。陈蓓菲满是深情与哀伤地讲述："此前，爸爸还精心准备相关资料参加了半淞园街道关于街区绿地建设合理布局的课题研讨；他还与同济大学师生深入探讨老城厢旧城改造与文化传承的问题；2022年12月接受小东门街道邀请，为人们讲述区域内老路名和老地名的典故。未曾料想，这个活动竟成了他未竟的心愿。"随着陈蓓菲的讲述，陈业伟退休后为了心中那份自年轻时便萌发的豫园情结，不懈努力撰写《豫园》专著的形象，在我眼前逐渐清晰高大起来。

初心不改著《豫园》填补业界空白

退休后的陈业伟，依然对城市建筑和改造充满热情，乐此不疲。但他怎么萌生创作《豫园》专著，将这"小众"的建筑文化艺术介绍给大众的呢？这源于他年轻时醉心于豫园的建筑之美、布局之奇、意蕴之雅，是与他一直以来的初心追求有关联。

1933年3月，陈业伟出生于上海一个家境优渥之家。1955年毕业于上海同济大学城市规划专业，是国家认定的注册城市规划师与高级城市规划师。20世纪80年代，他踏上从政之路，置身繁忙的具体行政事务，年轻时的愿望只得暂时搁置一旁。

促使陈业伟创作《豫园》的契机，是他在退休后撰写的《上海老城厢历史文化风貌区的保护》一文。该文于2004年

▲ 大学就读时期的陈业伟　▲ 欢乐畅游的陈业伟　▲ 参加黄浦区老干部局举办的庆祝上海解放70周年主题活动

发表在《城市规划学刊》杂志第5期，一经问世便广受关注与认可。他的两位同济大学老教授同学对这篇文章给予了高度评价，这无疑激发了他的创作信心。已经年过七旬的陈业伟，重拾年轻时的理想：充分发挥自己的学术专长著书立说，为子孙后代留下些建筑文化艺术的财富。由于在老城厢工作多年，他熟悉、热爱这片土地，决心做个弘扬老城厢优秀历史文化的志愿者，首选便是写出《豫园》专著，并于2005年8月正式动笔。

机遇总是青睐有准备的人。陈业伟长期以来精心积累了大量有关豫园历史文化的资料。在陈蓓菲的记忆中，儿时的她和弟弟常常看到爸爸在亭子间专注地读书、读报、写作，那些他认为重要的资料还会做成剪报。她说："爸爸的涉猎面很广泛,涵盖建筑、文学、摄影、美学等古今中外的各个领域,只要是他认为对自己有益的书籍,他都会认真研读。"父母床头的书架上摆满了各类书籍,在陈业伟的指导下,初中生的陈蓓菲从这个书架上取下《美学》《世界之窗》《读者文摘》,以及一些外国文学作品阅读;还阅读了中国四大文学名著和一些当代文学名篇。她说:"父母居室的大半个房间,几乎被爸爸的书籍和资料占据。妈妈有时虽有抱怨,却还是很珍爱地整理摆放得很好,因为她深知这些书籍和资料的重要性,尤其是其中大量的豫园资料。"每当陈业伟读到有关豫园的文章,总会认真剪下,粘贴到他的《豫园资料剪报集》中。经过几十年的积累,他的剪报和资料叠加蔚为大观。而且,得益于他城市建设规划师的职业习惯,资料管理得井井有条,写作时需要的参考资料总能信手拈来。即使儿女各自成家后,回家看望父母时,仍能看到年迈的爸爸伏案疾书,书桌上整齐地叠放着他手写的书稿和参考资料。

为了能够全方位、精彩直观地将《豫园》呈现给读者,陈业伟自费购置了两台数码照相机。他不辞辛劳,经常自带水和干粮,到豫园踏寻最佳拍摄时机和角度。他的拍摄贯穿春夏秋冬,涵盖了每天不同时段和多方位视角,全身心地沉浸其中,力求将豫园的所有风格与特色都完美地记录在镜头中,为《豫园》的创作奠定了坚实的资料基础。他爬高落低地几次踩空,也险些酿成意外。陈蓓菲笑说:"爸爸拍摄时忘乎所以,比年轻人劲头还足,晚上回到家却像个孩子似地对妈妈诉说这里痛、那里疼。"

陈业伟有写日记的习惯。据他的日记记载,从2004年8月至2010年9月,他在豫园拍摄多达64次,积累了4000多张照片,经过精心筛选分类,选用了300多张制作成了一本《豫园摄影集》。

总认为以陈业伟孜孜不倦的精神,

完成《豫园》指日可待,意外却突然降临。一次体检中,他被查出患了肠癌。如同一记重锤,让他瞬间愣住。想到尚未完成的《豫园》,不禁悲从中来,担忧自己可能无法实现这一心愿。是妻子和儿女的鼓励给予了他重新振作的力量。考虑到A4纸手稿保存不便,他请求儿女帮忙将手稿转换成电子版存入电脑。儿女毫不犹豫地承担起这一重任,他们将午休和下班后及休息日都挤出来打印书稿,并将爸爸遴选出的图片,插入与书中内容相匹配的页面;妻子则全力以赴地为他准备营养丰富又可口的菜肴,助力他尽快康复。在家人无微不至的关怀和协助下,病榻上的陈业伟终于如期完成了自己的心愿。

经过整整3年的不懈努力,这部25万余字,配有200多张插图的《豫园》专著终于完稿,并于2009年1月由上海文化出版社出版。梦想成真的那一刻,陈业伟激动不已,他写道:"写作固然充满辛苦、艰苦、清苦、痛苦与劳累,但同时也是一件快乐、愉悦、兴奋之事,它体现出人生的价值与意义,能够为后人留下珍贵且有意义的精神财富,这是我最欣慰的。"《豫园》的出版填补了此前无人全方位、系统性地撰写豫园这一中国优秀传统文人山水园林建筑的空白。并且,此书在2010年下半年被列入《全国大中专教学用书汇编》,进一步彰显了其学术价值与影响力。

豫园魅力润亲情 其乐融融之家

拥有450余年悠久历史的豫园,作为老城厢的瑰宝和江南名园之冠,在国内外享有盛誉。陈业伟对豫园的认知颇有思辨哲理:"豫园的最大魅力就是它蕴含着深厚的情感,可谓景中有情、情中有景;无景不生情、无景不含情、无景不留情。看园如看画、游园如读诗。"他对豫园怀有特殊的情感,而这种情感也在潜移默化中影响着他的家庭,使得家庭氛围因长期受"豫园文化"的熏陶

而充满亲和、互敬和快乐。

闲暇时光，陈业伟总会情不自禁地到豫园走一走、看一看，还时常携妻子和儿女一同前往。豫园中的亭台楼阁、榭轩廊舫、花卉奇石等景观都会吸引他的目光，激发他兴致勃勃地为家人解读一通。在这样的环境中耳濡目染，他的一双儿女从小就对豫园的美好留下了深刻的印象。陈蓓菲满怀深情地说道："那些年，寄情豫园是我们一家人最热衷的休闲方式。"

追溯起来，陈业伟能够在晚年完成《豫园》以及后续的几本专著，是因为他拥有幸福温馨且充满文化艺术氛围的家庭。这个家庭十分注重仪式感，每到家庭成员的生日，都会精心准备蛋糕，烹制长寿面，举行温馨的庆生仪式。家庭的女主人厨艺很好，儿女小时候过生日，一家人还会带上她做的美味佳肴去野餐。即使儿女以后都成家了，每逢父母生日，都依然会带着孩子回家为他们

▲当选为上海市第十届人大代表的陈业伟

庆祝。后来家庭经济条件好些了，陈业伟会借着家人过生日的机会，带领一家人到饭店聚餐，然后选点去游玩和拍摄。他的拍摄是很投入的，如果不加以时间限制，他会在忘情拍摄中忘却了时间。尤其在豫园拍摄，他对每一个细节都精益求精，连一块砖头都会从不同角度反复揣摩拍摄，直至自己满意为止。

在这个深受豫园风情滋润的家庭里，一家之主的陈业伟在孩子心中扮演

◀退休后的陈业伟与妻子、儿女及外孙在豫园合影

着严父暨慈父的双重角色。对待孩子们的考试成绩,多才多艺的父亲从不"以分数论英雄"。孩子考试成绩不理想,他会耐心地引导他们寻找正确的学习方法,保持轻松愉悦的学习心态。陈蓓菲回忆,小时候爸爸对她和弟弟要求很高,但并非盲目一概而论,而是具有明确的指向性。例如爸爸英语水平相当出色,接待外国来宾都是流利地用英语与他们交流。然而,当她和弟弟初学英语时,爸爸却听不懂他们的发音,但并不责备他们,而是利用寒暑假耐心地帮助他们校正音标,鼓励他们在早晨洗漱和吃饭时收听英语广播,将学说英语融入生活实境中。在爸爸的悉心指导下,姐弟俩的英语表达能力和准确性都

有了明显提高。

陈业伟注重孩子的"德智体美劳"全面发展。女儿还在上小学时，他就用自己的海鸥照相机亲自指导她学习摄影，从取景、调焦、用光等基础技巧教起，并鼓励她去听摄影讲座，还让她带着照相机到人民公园、南京路、城隍庙等处去进行摄影实践。女儿上初中后，鼓动她去听评弹、看话剧，回家后给父母、弟弟讲述剧情。陈蓓菲领悟到个中意趣，有段时间还经常拽着父母或大伯到书院听评弹，陶醉在其独特的艺术魅力中。

《豫园》的出版，极大地鼓舞了陈伟业，笔耕不辍的他，继续深入研究，接连创作了《旧城改建与文化传承》《建筑群空间布局的艺术性》等专著。他对豫园的研究也更加全面深入，完成了《豫园——江南名园之秀》专著，这本专著原计划于2023年3月出版，却因他的溘然长逝及其相关原因而搁置。

情系棚户区居民 功成不必在我

1987年4月，陈业伟出任原南市区人民政府副区长，分管城市建设工作。他从政的时期，正值南市区面临诸多困难与挑战。南市区当时被一些市民称为"下只角"。陈业伟长期生活在老城厢，对区域情况熟悉：这里有不少棚户区，人口密集，住房和卫生条件差，许多民居与工厂混杂，很多现实问题亟待政府解决。陈业伟这位学者型领导，始终坚守自己的座右铭，也就是苏联人民英雄保尔·柯察金关于人生意义的名言，他以此作为自己一生的鞭策："我不愿做一个平庸的人，而要成为一个对人民有益且与时俱进的人。"

到任后的陈伟业不辞辛劳地一头扎入基层一线，奔走在建设工地、雨水泵站、垃圾运送站、码头、棚户区等，深入了解与民众生活息息相关的情况。在一个酷热难耐的高温天，他前往复兴东路大夫坊棚户区调研。当时室外温

◀玉玲珑石是江南名石,豫园镇园之宝,是宋徽宗时花石纲流散之石,亦是著名的江南太湖石。这石玲珑剔透,皱漏透瘦,为一奇峰异石

度高达36℃,而他手持测温仪走进一户居民家中,测得室内温度竟然高达41℃。仅仅坐了片刻,他就已全身湿透,深刻体会到了棚户区居民生活环境的艰难困苦。南市区的许多居民居住的都是20世纪三四十年代的简陋棚屋,每逢刮风下雨,便是"屋外大雨,屋内小雨";尤其在夏天,台风、暴雨、高潮位"三碰头"时,积水会迅速淹没低洼地区,居民们苦不堪言,常常抱怨自己生活在"水深火热"之中。每当此时,陈业伟总是身先士卒,连续多日带领防汛指挥部人员奋战在抗击灾害的第一线。家人曾听他讲述,在"三碰头"的情况下,积水严重的地方甚至会漫到居民家底层居室的床沿,家具和家用电器都被浸泡在水中;狭窄的弄堂排水不畅,人员进出都极为困难,即使消防车迅速赶到,也难以在短时间内将积水抽干。面对如此困境,居民们情绪激动,纷纷围住他讨要说法。在矛盾尖锐的现场,陈业伟的心情格外沉重,深感愧对居民,他与同事们一起积极安抚疏导居民情绪,并暗暗叮嘱自己,一定要在任期内为棚户区的改造建言献策,贡献自己的力量。

在陈蓓菲的记忆中,每当遇到灾害天气,爸爸总是接连几天坚守在现场,直至凌晨才浑身湿透地回到家中,顾不上吃饭,简单地洗个澡换上衣服后,便倒头大睡。无论是高温酷暑还是严寒刺骨,只要出现险情、居民上访投诉等情况,他都会立马赶到现场,耐心细致地倾听居民的诉求，就像一位家长面对自家的问题一样，认真负责地处理每一个矛盾。

　　陈业伟曾被选民选举为上海市第九、第十届人大代表，他积极关注南市区的棚户区改造、中低收入工薪阶层住房困难等问题，向大会提交了一系列具有针对性的议案，如《要建立广大中低收入工薪阶层住房建设和供应的保障制度》《要达到"居者有其屋"的目标必须切实提高中低收入工薪阶层购买住房的支付能力》等。当他发现上海的城市建设与房地产开发过程中，存在忽视生态环境保护与绿化建设的倾向，提出了"宁可食无肉，不可居无绿"这一注重城市环保和生态的口号，并撰写了具有前瞻性的提案——《房地产开发要保障生态环境的权益及市中心要大力建设街头绿地》。他的这些提案引起社会各界广泛关注，上海电视台、《解放日报》《文汇报》《新民晚报》等多家媒体对他进行了采访报道。近年来，政府在实施经济适用房建设相关政策时，其中不少思路与陈业伟多年前提出的建议，令人"似曾相识"。

　　陈蓓菲动情地说："爸爸的一生，并没有骄人的业绩和辉煌的成就，但他有脚踏实地、忠于职守的精神境界，在我心目中，他就是一位伟大的人。"正如女儿所言，陈业伟当年的努力与愿望，在他退休后逐渐得以实现。豫园文化所蕴含的小众精神内核，已悄然融入大众城市建设的精髓之中。如今，当我们City Walk上海的街头，看到那些大型绿地公园、主题公园和街头口袋公园时，便能深切地体会到"人民城市人民建，人民城市为人民"的深刻内涵，这也正是陈业伟"功成不必在我，功成必定有我"大格局的生动体现。他用不改的初心，诠释了对豫园文化的深情厚谊，对城市建设的执着奉献，以及对人民幸福的不懈追求。

《豫园》（节选）

陈业伟

豫园六个景区的立意布局与审美

一、三穗堂景区

三穗堂：高敞轩昂、气势恢宏；在清代是官府庆典、"宣讲圣谕"之处和文人绅士聚会的活动场所。中堂挂有明代原豫园主人潘允端撰文，现代书法家潘伯鹰书写的《豫园记》大镜框。堂内正面悬挂三块匾额："三穗堂""灵台经始""城市山林"，位置依次提升，颇具层次感和森严崇高之气氛。匾额"灵台经始"之意为天降祥兆、国泰民安；"城市山林"之意为此处是充满山林自然野趣之园林。"城市山林"匾系清道光六年

(1826)兵部侍郎、翰林院编修陶澍所书。

三穗堂面阔三间，高九米，单檐歇山顶，形态端庄静穆，前面檐廊高栏，建筑的福扇上雕刻稻、麦、玉米、高粱、瓜果等图案。堂外回廊四角有八幅精美的泥塑漏窗，东北角一幅中间是松鹤长春的图案，四周是回文"福禄寿喜"四个字，构思奇巧、工艺精湛；整幢楼充满了吉祥如意、喜庆丰收、福禄寿喜、国泰民安的氛围。三穗堂前对植盘槐，左右各一棵，对面的粉墙下植黄杨、女贞、香樟、黑松、桂花等树木，环境十分简洁、雅致、秀美。

▶三穗堂南立面穗

三穗堂是游人进入豫园第一个景区的第一幢楼堂建筑,在中堂内悬挂《豫园记》,不仅让游人在赏园前就对名园概貌有一了解,同时也可见该建筑的重要地位。这就是常说的"山水非有楼观登临者不为显,楼观非有文字称记者不为久,文字非出于雄才巨卿者不为著"。

在三穗堂东侧的围墙中间镶嵌着石刻"豫园"两字,是明代万历丁丑年(1577)阴历八月书法家王稚堂为豫园所题之门额。于是在石刻"豫园"和《豫园记》的陪伴下,拉开了观赏游览江南名园之冠——豫园的序幕。

二、万花楼景区

万花楼景区是一个内容十分丰富、

形式千姿百态的空间，各种元素包罗万象，如建筑有亭、榭、廊、舫、楼、轩等七项（会心不远亭、鱼乐榭、复廊、亦舫、万花楼、两宜轩及回廊等）。还有山（湖石假山）、水（一弯溪流）、树（两棵古树名木）、墙（隔水花墙）及竹石小景等。

由三穗堂景区"渐入佳境"游廊的"峰回路转"处向右转就到万花楼景区。景区之首就是会心不远亭，然后通过复廊就到万花楼。

万花楼在明代名花神阁。相传豫园园主潘允端的孙子育有一女，名玉娟，容貌美丽，爱花如命，在遭遇可悲可泣的恋情后忧郁而亡。忽一日，天空一片彩霞，万花楼上空一对恋人出现在云端，玉娟手提花篮，五彩缤纷的万花从空中撒下，众人都十分惊讶，以为玉娟成了花神。后将此楼改名为万花楼。故事由悲转

◀万花楼

26

喜,充满了浪漫抒情的色彩。现建筑为清道光二十三年(1843)重建。

万花楼为二层楼阁,造型美观、典雅、纤丽、华贵。二层楼的垂莲柱雕刻,底楼外墙四周"梅、兰、竹、菊"四君子的四幅泥塑漏窗及外墙栏杆上的"暗八仙"和福扇裙板上的木雕图案等均为建筑上精雕细镂的优秀工艺。

万花楼前庭院有银杏和广玉兰古树两棵。西侧的银杏树有400多年的树龄,高达21米,相传为园主潘允端建园时亲手栽种。万花楼前溪流之水来自大假山下水池之水,向东流过渐入佳境,经鱼乐榭至此。万花楼前假山的堆掇与众不同,很有特点,在高于地坪的狭长用地上,假山呈横势水平向依壁而立、依墙堆置,与溪流平行,前后排列有序。

游毕万花楼景区过穿云洞门即是点春堂景区。

三、点春堂景区

点春堂景区的布局包含所有的造

▲点春堂

园元素,它以抱园岩和水池为中心,形成三条纵轴线,景区的立意构思很有特色,富有创意。

清咸丰三年(1853)九月七日,上海小刀会起义占领上海县城,将点春堂作为城北公署的指挥部,此为上海唯一的小刀会遗址,现堂内还陈列着小刀会起义军使用过的武器、自铸日月钱、颁发的文告等历史文物。现在的点春堂于清同治七年（1868）重建，同治十一年（1872）竣工，历时四年。点春堂建筑宏丽精美、高敞轩昂，五开间大厅，堂中悬挂清画家任伯年绘制的巨幅国画《观剑图》，堂内福扇有精致的木雕图案，东西两端各有两幅精美的泥塑漏窗，图案是凤凰、孔雀及"八仙过海"的热闹场面，洋溢着吉祥如意瑞福的气息。

点春堂的金字大匾系清沈秉成书赠，沈系苏淞太兵备道。堂名"点春"一说是出自苏东坡词"翠点春妍"；又说是出自温庭筠诗"丝飘弱柳平桥晚，雪点寒梅小院春"之"点春"，意即在严冬中傲放绽开的寒梅，是春天即将来临的前兆。

点春堂是逢年过节全家团聚欢宴或招待宾客宴请之地，而且前面还有一个小戏台，两者是一个紧密的组合。

点春堂景区的建筑较集中，但因楼、堂、台、轩、亭、圃等建筑形态各异、大小不一，有的轻巧、活泼、精美；有的端庄、凝重、规整，在轴线上的排列也较自由不对称，故并无拥塞、密集之感。总体布局上景区在假山、水面、山石相间、花木的簇拥和龙墙的围合下，形成若干个曲折有致、高低起伏、收放不一、动静相间、疏密有致的空间系列。

四、会景楼景区

会景楼景区是水体面积较大、建筑密度较低的一个景区，因此视野开阔，呈现出一派山明水秀、池广树茂、景色秀丽的景象。

中国园林中的水池面积不宜太大，如过于宽阔可分割之，划成两个或三个水面。会景楼景区是以水为主体，故水体的面积较宽阔，将其划分成三个面积大小不同的水面，并用两座桥将三个水域连成一片。每个水池都分别以一幢不同形式和风格、不同性质和主题的建筑，作为三个水景的中心，形成"动"和

"静"不同质的区域，并互相呼应。这三个水景各以会景楼、流觞亭、九狮轩为主体建筑；各以楼、亭、轩的形态与周围山、水浑然一体。三个水景空间之间既隔又连，层次丰富，形成一个水景系列、空间系列，组成一个有机的整体。

会景楼因登楼远眺，全园优美景色全聚于眼底，故称会景楼。此楼为歇山顶，重檐，气势轩昂、凝重。会景楼三面环水，四周被桂花、香樟、石榴、白玉兰、枫树、罗汉松、海桐、梅树、紫藤、樟叶椒、海棠、柳树、蜡梅等四十余棵高大乔木环绕，其中不乏树龄一百多年的石榴，二百多年的紫藤等古树名木。绿荫蔽日、华庭似盖，建筑呈现出半藏半露、时显时隐的朦胧感。在周围山水、林木

▶会景楼南立面

的烘托下，会景楼显得十分大气和高贵。

以水为特色的会景楼景区，虽呈现一南一北的水体结构，却有其内在联系。九狮轩前的水池和会景楼、流觞亭前的水池，形态是前者规整，后者曲折；池岸是前者用黄石堆成，后者用湖石砌成；前者是一大块水体，后者是两小块水面；建筑有轻松活泼的亭和轩及凝重华美的楼之分。因此，两者形成了活泼的动静对比之美，并融汇成了有机的整体。

五、玉华堂景区

玉华堂景区是豫园中范围较大，内涵较丰富的景区。景区包含三个部分：中间是以玉玲珑、积玉池为中心的主景点；东侧是积玉水廊、积玉峰、涵碧楼、听涛阁和谷音涧等元素组成的景点；西侧是绮藻堂·得月楼、藏书楼景点。景区的三个景点横向一字排开，占据了豫园东西向的整幅面宽。

玉华堂是园主潘允端为欣赏玉玲珑而建，也是他的书斋，系潜心看书、作文、攻读之处；亦作会客、议事之用，是豫园的主体建筑之一。因玉玲珑是"玉之华者"，故堂名取玉华堂。潘允端有天天记日记的习惯，后合成为《玉华堂记》（明万历十四年至二十九年，即公元1586-1601年，共十四年）。清道光时更名为香雪堂，乾隆时重建，解放后又重建，并改名为玉华堂。玉华堂的"玉华"两字采自明代书画家文徵明之手迹合成。室内的书桌、方桌、靠椅、躺椅等都是明清时代制作的红木家具。书房家具的摆设也都按照明代时书房的格局。玉华堂前对植的两棵白玉兰树已有一百三十多年的树龄。花开时满枝白色繁花，清丽典雅、暗香浮动、沁人肺腑。

玉华堂前有一开阔的平台。江南名石、豫园镇园之宝玉玲珑与玉华堂隔池相望。玉玲珑是宋徽宗时花石纲流

▶玉华堂

散之石,是著名的江南太湖石,该石玲珑剔透、皱漏透瘦,为一奇峰异石。玉玲珑前的积玉池水虽静,但因形状曲折,池面宽窄不一,与积玉水廊、积玉峰相连,不仅景色优美,而且有动感、有活力。玉玲珑与积玉池山水相依、水石交融,是玉华堂景区的灵魂所在。玉玲珑以粉墙为背景,在两侧花木的陪衬下,更显秀丽、灵逸之美。

六、内园景区

内园建于清康熙四十八年(1709),当时为上海城隍庙的后花园。至1956年修复豫园时,将内园与豫园合并在一起,内园成为豫园的园中之园。

内园面积较小,仅二亩一分八毫六厘(1456平方米)。但布局十分精致,厅堂楼观、亭榭舫廊、古戏台及假山、水池、名木古树等一应俱全,可谓麻雀虽

▲内园入口景观

小，五脏俱全。景色幽雅、深邃、秀丽、古朴。豫园内有五条龙，其中"睡眠龙"就卧在耸翠亭东侧的围墙上。园内共有元、明、清代八对狮子，内园却占三对明、清时期的石狮子。还有构思精巧的九龙池。静观前的假山更是有气势，十分壮观秀美。

内园以中间的假山为界分为两部分：以静观为中心的北半部和以古戏台为中心的南半部。假山横伏其中，起"隔"和"藏"的作用。

内园面积较小，但却能容纳较多景点，而且不显得很密集之感；布局从容、自由，大有挥洒自如之势，为什么？主要是立意出奇，构思精巧、想象丰富。笔者认为大致运用了三个方法：

1. 向空中发展，向空中要地。以假山为载体，在假山上建二层楼的耸翠亭和船舫，赢得了空间。船舫还可与延清楼、还云楼、观涛楼等三幢建筑的二层楼相通，甚至还可通到古戏台的西侧看廊。这样,大大增加了游览路线、活动范围,扩大了空间。

2.该密则密,该疏则疏。内园的北半部布置建筑较多,密度较高,而南半部的古戏台区域则较宽舒,中间还有一个广场,密度较低。这样就从密度较高的空间——静观景点,进入较宽敞的空间——古戏台景点,这一密一疏、一紧一松、一合一开、一繁一简,先密后疏、先紧后松、先合后开、先繁后简,就是疏密、松紧、开合、简繁之间的对比,给人以心理上的宽慰,并产生了空间的扩大感,有一种以小见大的突变的感受。

3.景色多变,幽曲无尽。越隔越大、越隔越幽、越隔越曲、越曲越幽,有时使人难测其范围有多大,难测其尽端究竟在何方,达到了小中见大,以小见大,使有限的土地感受到无限的空间的作用。例如从别有天处,既可经山洞抵达静观前假山群和古戏台,也可上坡廊抵达静观前假山上的耸翠亭,并经船舫、延清楼、还云楼、听涛阁到古戏台,这一处点睛之笔的布局真是令人叹为观止、拍案叫绝。

由于密中有疏,密中透风,密的感觉因组合的出奇制胜而被转移和消失。这就是中国园林中传统的艺术形态和传统的构图技巧的艺术效果及和谐布局的真谛所在。

我与小桃园清真寺的故事

金宏伟

金宏伟,回族,1961年5月生于上海,华东师范大学宗教文化专业毕业。第十三届全国政协委员、中国伊斯兰教协会副会长、上海市伊斯兰教协会会长、小桃园清真寺教长。上海市第十一届、十二届人大代表,上海市第十三届人大常委会委员。

我是上海小桃园清真寺的阿訇。自我走进清真寺的那天起,经常听到先辈们讲述有关小桃园清真寺的岁月往事。

小桃园清真寺建于1917年,坐落在复兴东路小桃园街52号,建寺后曾多次修缮。据老人们说,新中国成立前的修缮工作都是依靠穆斯林乡老自愿捐助进行的,缺乏资金,非常困难。为了修缮清真寺,许多热心乡老不得不到处筹款募捐;新中国成立后,小桃园清真寺修缮工作一直得到党和政府的高度重视。新中国成立初期的那次修缮,就是在上海市老市长陈毅的亲自关心支持

▲本文作者金宏伟

下落实的,至今仍然传为佳话。

据已离休的老干部耿月琴回忆,那是1952年的某一天下午,她奉组织之命,去完成一项特殊的任务。组织上要求,需要保密,不要事先通知任何人,任务是陪同陈毅市长视察小桃园清真寺。那天,陈毅市长和往常一样,戴了副墨镜,身穿黄绿色的军便服,不带警卫,与当时只有20来岁、梳着小辫子的耿月琴来到寺院。时任小桃园清真寺的教长马宜亭,面对突如其来的场面感

到十分吃惊，而陈毅市长却拉家常似地询问马教长的家庭生活、清真寺的日常开支及礼拜人数等情况。马教长因与陈毅市长初次见面比较拘谨，说了许多场面上的客套话，而陈毅市长平易近人，快人快语，很快就将紧张的气氛消解了。陈毅市长还风趣地对马教长说："天上的事，你们管；人间的事，我管。大家分工合作。"引起大家一片会心的笑声。

我是1982年来到小桃园清真寺工作的。刚来不久，就遇到一次大规模修缮，印象较深。那次修缮，大约进行了3个多月，主麻等宗教活动也暂停了。那时负责修缮工程的是年过六旬的改维德老先生，是当时上海市伊斯兰教协会（以下简称"伊协"）的副秘书长。他身材消瘦、精神饱满，不计报酬，从早到晚奔走在工地上，问质量、抓进度，不时地向当时的会长马仁斌汇报修缮情况。马老曾对我说："改老不愧是以前做生意的，太精明了。"改老早年是位珠宝商人，没有搞过工程，装修不是内行，但他对待教门工作十分认真细心，凭着他的虔诚信念，运用他精明的生意头脑来处理各类事务，精打细算，不惮辛劳，由这家商店走到那家商店，了解建材市场行情，仔细到瓷砖一块多少钱，哪种木料最适宜用在清真寺大殿与水房，价格如何，等等。记得工程结束前一天，改老悄悄地对我说："明日是主麻，有巴基斯坦重要外宾来寺做礼拜，今天我们要将寺内外整理干净。这是外事纪律，你可不要对外人说啊！"第二天，只见他把银白的疏发梳得整整齐齐，紧随在马教长后面接待客人。马老高兴地向外宾介绍说："今天是真主的'买斯吉德'（清真寺）修缮竣工后，我们迎来的第一批尊贵的客人。"马老向巴基斯坦客人介绍了小桃园清真寺的历史，并将政府如何认真贯彻党的宗教信仰自由政策，如何在清真寺修缮工作方面大力支持的具体事例,向客人们做了详细的叙述。客人们异口同声地感叹"马夏安拉"(主啊!太棒了)。马老还将改老奉献于主道,日夜操劳修缮工程的经过,也一并介绍了。客人们纷纷站起来与改老握手、拥抱,互致赛兰。

新世纪始,我主持小桃园清真寺教务工作,并负责该寺寺管会日常事务,当时马仁斌、金幼云等伊协领导虽然年事已高,但他们还时刻关心小桃园清真寺。他们知道小桃园清真寺是上海对外开放的重要窗口,突出它的功能地位与作用,为上海的政治、经济、文化建设和改革开放服务,一直是致力上海伊斯兰教工作的领导和关心小桃园清真寺人士的重要话题。马老、金老他们曾多次对我说,要以事业为重,要抓住机会,多向政府领导部门反映我们市伊协的具体困难,争取大家的支持与理解。经反复论证,2000年我们提出了对该寺进行再次修缮的计划,总预算约120万元。资金落实后经过半年多的精心施工,将清真寺的水房设施、大殿内外的电线、楼层内墙面、望月楼等部位都做了整修;还对清真寺院

上海市文物保护单位
A Historical and Cultural Heritage Protected at the Municipal Level

小桃园清真寺
Xiaotaoyuan Mosque

小桃园街52号　52 Xiaotaoyuan Street

上海市人民政府
二〇一四年四月四日公布
上海市文物局立
Promulgated by Shanghai Municipal People's Government
on April 4, 2014
Issued by Shanghai Municipal Administration of Cultural Heritage

内地面、入口处墙面、地面铺设了进口花岗石材；并且在入口处的花岗岩石壁上镶上了《古兰经》经文，寺容寺貌给人焕然一新的感觉。修缮之后，海内外信众都由衷地感叹："不容易啊！没有党和政府的关心与支持，哪能完成修缮工作呢？"

小桃园清真寺在市伊协尚未成立之前，就已作为一个对外交流窗口，迎来送往。1952年陈毅市长视察参观小桃园清真寺后，将其列为外事接待单位，协助政府做好对外交往与接待工作。多年来，小桃园清真寺接待了许许多多来自世界各地伊斯兰教国家的政要学者和宗教人士。除了接待有组织而来的各种代表团，小桃园清真寺还经常接待慕名而来的海外穆斯林，我的语言能力（英语、阿拉伯语）和工作经验就是在小桃园的外事接待工作中不断得到锻炼提升的。这些年以来，随着上海改革开放的不断深入，小桃园清真寺的外事接待活动从未停止过，层次和级别也相当高。近年来，特别是从"一带一路"倡议提出以来，又增加了不少"一带一路"沿线国家客人们的身影。如土耳其副议长雅库特、罗马尼亚穆斯林协会优素福·穆拉提大阿訇、文莱宗教部副部长阿卜杜勒·阿齐兹·约瑟夫、伊朗库姆省省长穆罕默德·萨利赫、伊朗伊斯兰关系和文化组织前主席穆罕默德·阿拉基、美国国际宗教自由无任所大使大卫·恩·萨波斯坦、印尼苏北地区宗教界人士访问团、阿拉伯国家联合新闻团，以及驻沪有关国家领馆总领事、马来西亚、印度尼西亚、新加坡等友好团队与旅游人士等，他们都把小桃园清真寺视为中外穆斯林的信仰标志。

这些对外接待工作，为加强互信、消除误解、增进友谊起到了积极作用，给很多外国友人留下了对中国的良好印象，尤其是伊斯兰教国家的客人告别时都会竖起大拇指表示肯定。迎来送往中，有这样一位客人令我印象深刻。1995年，在接待时任沙特协商会议主席的穆罕默德·本·杰比尔时，我向其介绍了小桃园清真寺为中阿文化交流、中阿人民交往做出的贡献。我用阿语告诉他早在民国时期，小桃园就接待了来自陕西、甘肃、宁夏、青海、新疆等全国各地汇集上海的穆斯林赴麦加朝觐，为他们提供各项服务，成为中国穆斯林由海路出国朝觐的集散地。最初我们双方的交流还是通过翻译进行的，后来他听到我用阿拉伯语说话后，杰比尔十分激动，索性直接与我用阿拉伯语交流，并向小桃园清真寺赠送了一块十分珍贵的沙特麦加天房幔帐。沙特麦加天房幔帐是每年都要更换的，而更换下来的幔帐则剪成数块作为珍贵礼品赠送给世界各地的重要客人。

我深切感受到了我是阿訇，信众走进清真寺做礼拜，我要与之分享党的宗教信仰自由政策的温暖，我还要及时反映穆斯林信众的心声，做好上情下传、下情上达的桥梁纽带工作。政协委员，不仅是荣誉，更是责任。每年两会前夕，我都会精心准备，认真收集社情民意，反映民生实况。桃园虽小，国家很大。今天，新时代中国特色社会主义为本市穆斯林走中国特色的伊斯兰教发展道路指明了前进方向，坚持我国伊斯兰教中国化方向的决心与意志不可动摇。我们一定要珍惜今天来之不易的战略发展机遇，一定不能丢弃中国穆斯林先贤们留给我们丰厚的、适合中国发展的伊斯兰教文化传统，坚守伊斯兰教中国化的本色，与其他民族一起携手为祖国的统一、昌盛、强大和团结贡献自己的力量。

▲童年时的本文作者　　　▲20世纪50年代的作者母亲　　　▲20世纪30年代的作者外婆

母亲的"非遗"

王孝敏

　　20世纪二三十年代，老城厢九亩地居住着一大批苏南的回族，其中就有一位从事古玩生意的，被尊称为"金大鼻子"的我的外曾祖父，在当地的回民圈里有着不小的名气。他在老城厢石库门里拥有一幢三层三进的大房子，居住着他的四个儿子和儿子们的孩子，可谓儿孙满堂。

　　我的母亲是金氏家族四兄弟中的长孙女，是外曾祖父娇宠的孩子之一。

家中一本老相册的第一张就是外公和伯外公各自携带五岁的母亲和同龄的大舅的合影。照片里的母亲穿的是甲种礼服，按当时女子着装的标准定制的。衣：齐领，前襟右掩，长至膝与踝之中点，与裤下端齐；袖长过肘，于手脉之中点。用缎在领缘、袖口、襟缘，下摆开衩处镶边。旧时的冬季较寒冷吧，照片上母亲的脖子上被系上一条很长的围脖；头戴的是贝雷帽，这是"冒险家的乐园"大上海中极具代表性的洋货。鞋是宽头的，可见，母亲没裹小脚。外曾祖父反对"女子无才便是德"的观念，请来私塾先生教母亲学文化。母亲聪慧，写得一手的好字；也跟着外曾祖父学着打理家业的方法和识别珠宝的技巧。

一场家变，没有压垮出生在九亩地的母亲，她依然乐观地面带微笑生活着，用她白皙和纤细的双手，再次给一大家子的生活带来了"安"的感觉。

那段时间里，母亲做的最多的活是

纳鞋底。她把不能再穿的衣裤、破床单被褥，凡是旧布都要收拾起来，留着做鞋底。先打袼褙，把破布糊在一块木板上，一层叠加一层，直至有一指厚时才

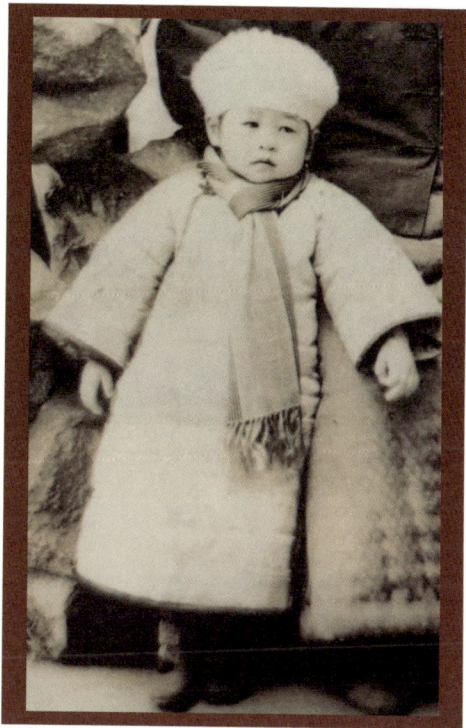

▲ 童年时的作者母亲是家族中的长孙女

41

▲后左为作者外公、右为外公的哥哥；前左为作者母亲，右为作者大舅，拍摄于20世纪30年代初期

罢手，等完全干燥后揭下，按鞋样大小依次画好，剪裁成型，叠压在一起，开始纳鞋底。纳鞋底是个费力费工的活儿。她将顶针套在左手食指上，针尖扎入鞋底子后，用顶针顶住针屁股，使劲将针推出，然后用拇指和食指捏住针，奋力从鞋底子上拔出，接下来拉出纳底绳，拉到最后再使劲拽两下，完成一针的工作。时间一长，针头不锋利，她就会把针放到头发上摩擦几下，再继续。她纳的鞋底线迹排列整齐，横竖间隔均匀；纳的力度适当，鞋底平整不凹凸；针脚细密，鞋底耐磨。以致后来在整个泰和坊里出了名，上门来跟她学的人也多起来。她说，鞋子穿得舒服，人才有精神头。母亲在简单枯燥的重复中找到了美的享受。

母亲做事，先后分明，不紧不慢，每次完成的结果都那么的赏心悦目，整个过程是舒服、是完美。

端午，她会包有个小尾巴的粽子——无绳粽，这门手艺还真不多见。她将三片粽叶平行重叠拼好，下端叶尖聚合在一起，最宽处挽成一个锥形斗，往里放满糯米，然后用粽叶盖住开口，沿

"斗"形至粽尖处绕一圈回来,再拿一片新的粽叶,围着粽身绕两圈,留出最细的粽叶尖,随后拿出了一根长10厘米薄薄的铜针,尾端有一个直径2毫米左右的针眼。把铜针插在最外部的一片粽叶上,将尖细的粽叶一端穿进针眼,然后从反面轻轻一拉,叶尖就穿过了粽身,最后只要把穿过来的粽叶尾巴拉紧,一个不用绑绳的小脚粽就诞生了。包的动作连贯顺手、轻灵沉稳,如清风拂面,十分富于节奏感,美不胜收。

到了大年三十,早上,母亲会拿出一家人的"新"毛衣,而且每一年的款式都是不同的。她是提前把旧毛衣拆了,洗过重结。旧绒线掺入一股新绒线,用自学的《秋萍绒线编织法》中的底针、交叉针、萝卜丝针等针法轮番结出新图案;中午,她贴上自己写的喜气洋洋的春联,点缀着房间的每个角落;年三十的晚上,还有一道必不可少的十样菜。"十"寓意十全十美,它们分别是黄豆芽、酱瓜、雪里蕻、芹菜、胡萝卜、酱生姜、黄花菜、香菇、木耳、荠菜等不少于十种蔬菜炒制而成。母亲先把它们按待削皮、掐老头和须浸泡的分门别类放置,次清洗再切丝,这是最见功夫的一个环节。除黄豆芽不用切外,其他菜她挥刀轻舞,不到20分钟全部切成不超过1毫米的细丝,这十样菜被称为功夫菜更妥帖。浓郁的年味里,充盈着满满的母爱。

母亲一直说:"天天吃的东西叫作'饭',天天穿的东西叫作'衣',做人的第一件大事就是维持生活。"她的一双手,在岁月的磨练中多了皱纹,还留着冻疮裂开后愈合好的疤痕。

母亲的拿手绝活之所以珍贵、稀有,如手艺人一样,浸透了她追求精益求精的精神。这精神背后的实质,说白了是日复一日的"重复"着同一件事儿,是为了要更好的生活。母爱的无限绵长和厚实,也成了她个人和家庭的"非遗"。

消失的老西门陈英士纪念塔

王佳杰

▲建成初期的陈英士纪念塔（左）
▲陈英士纪念塔前设置标准钟，塔上写有推行新生活的标语（右）

　　上海中心城区，曾经有一些特殊的纪念性地标建筑，伴随着历史进程、城区更新，这些地标相继消失。有这么一处纪念塔，它曾经是辛亥革命元老纪念地，一度却成为处决犯人、汉奸的刑场，新中国成立后一段时间还成为商业地标，这就是已经消失的陈英士纪念塔。

　　如今，大概只有一些生活在老西门

的"老土地"、历史研究或爱好者知道陈英士纪念塔，它曾经矗立在方斜路中华路路口。

　　陈英士是谁呢？陈英士即陈其美，字英士，1906年在东京加入同盟会，是孙中山的左右手，蒋介石的结拜大哥和引路人。蒋在辛亥革命后风云变幻的局面中，为陈当过"死士"，二人感情至深。因陈其美是掌管国民党党务的陈果夫、陈立夫的亲叔父，所以有"蒋家天下陈家党"的说法。1916年，陈其美被刺杀于上海法租界萨坡赛路（今淡水路）14号。

1927年南京国民政府成立以后，由于陈英士曾与蒋介石和时任上海特别市市长的黄郛有着极其亲密的联系，于公于私，修建陈英士纪念塔被首次提出。1930年11月3日，辛亥革命上海光复纪念日，陈英士纪念塔建成并举行揭幕典礼。陈英士纪念塔由当时的著名建筑师董大酉建筑完成，完全采用中国式建筑风格。如董大酉本人所言："所有刻石纹座盘门窗悉仿北平故宫建筑式样。"塔高五十尺，巍峨耸立，塔内装有铁梯直登塔顶，可以瞭望全市。虽是钢筋水泥建造，但从外表看，其雄伟不亚于天然石。正面朝东，塔下刻有"陈英士先生之纪念塔"九个大字，后壁有门可以出入，两旁都刻有陈英士先生纪念塔记，庄严肃穆。1931年5月，上海市政部门在塔四周电线杆上，装设返射电灯，亮度极强，共达一千瓦特。亮灯时光华四射，笼罩全塔，蔚为壮观。此后，该塔即成为上海南市地标性建筑物。塔建成以后，在辛亥革命纪念日、陈英士殉国纪念日时会对民众开放，可以登塔参观游览，国民政府也在塔上悬挂政治旗帜标语，曾在塔前处死汉奸和举行公开集会。

陈其美是辛亥革命中的革命者，但

▲1930年11月3日陈英士纪念塔落成典礼

是世人对他的评价却褒贬不一，他是中国近代史上有争议的人物之一。有人这样描述他，他头戴礼帽，鼻架眼镜，一副斯文模样，却以暗杀见长。近年来有些电影，例如《第一大总统》《建党伟业》中对陈其美的形象有较为生动的演绎。

孙中山曾对陈其美有"锁住东南的钥匙，革命首功"的评价。

1908 年，陈其美回到上海，决心在此开展革命活动。为打开局面，他结交帮会，成为了青帮的大字辈首领，借之扩充革命力量，而"利用会党"也是他身后评价不一的重要争议点之一。他同时创办报纸宣传革命，担任记者撰写文章。凭借是湖州人并曾经商的缘故，陈其美结交了在上海颇有财力的湖州商团，进而结识江浙财团，为革命筹措到大量的经费，很快在上海打开了局面。有人认为，只有像陈其美这种个性和作风，才能充分利用天时、地利、人和，快速开展革命，奠定基础。广州黄花岗起义失败之后，同盟会骨干尽失，革命陷入低潮，陈其美和宋教仁等在上海成立同盟会中部总会，计划策动长江流域的起义。武昌首义成功之后，陈其美迅速响应，联合多方力量，策划上海起义。起义成功，上海光复。随后又组织江浙联军，光复浙江、南京，控制东南，力促建立中华民国，并积极促成孙中山就任中华民国临时大总统。陈其美这一系列动作，充分巩固了起义、革命的成果。

当时革命党为了掩人耳目，经常在

四马路的会乐里、八仙桥一带烟馆妓院集中的地方秘密搞集会。陈其美为迅速积攒力量，在上海加入了青帮，成为大字辈的头目，整日与流氓为伍、混迹烟花之地，"杨梅都督"这顶帽子就扣到了陈其美头上。

那么说陈其美喜欢揽权搞宗派主义，造成分裂是怎么回事呢？

陈其美联合光复会李燮和、上海商团组织还有帮会一起起义，上海光复，但是在推举谁出任沪军都督时产生了分歧。电影《建党伟业》演绎了这个事件经过。电影的片段其实进行了戏剧化的处理，突出了光复会与同盟会之间的矛盾。当天在海防厅的大会，陈其美联合上海商团、立宪派，将光复会的成员排除在外，没有通知他们，光复会突然得知才匆匆挤进去。每一派势力都想推举自己人，实际上开枪的人是陈其美的盟弟黄郛，拿出手榴弹的是帮会的刘福彪，说必须要推举陈其美，不然大家都别想好过。会后上海士绅李平书多方斡旋，才平息纷争。陈其美力争沪军都督，也是为同盟会争取革命后的话语权。

仓促掀起的二次革命以失败告终，孙中山和黄兴等人都流亡日本，两个人就革命的方式路线发生了严重的分歧。二次革命失败之后，孙中山在东京建立中华革命党。这个时候，陈其美坚

▲陈英士

▲1953年开辟的21路环城无轨电车驶经老西门,方斜路
与中华路交汇处南望陈英士纪念塔

定地站在孙中山这边,全力支持孙中山
组建新党,维护孙中山的绝对权威。他
曾写信劝和黄兴再次加入革命,劝黄兴
以孙中山为领袖。陈其美的初衷也许
是善意,但也使得孙黄二人的矛盾更加
难以协调。

陈其美在革命手段上奉行消灭主
义,热衷暗杀,曾发起多次暗杀事件。

上海光复之后,李燮和遭到排
挤,没有担任重要的职位,就自
立为吴淞军政府总司令,与陈其
美的沪军都督府对抗,陈其美便
以非常手段,在吴淞火车站实施
暗杀,但当时仅打死了李身边的
护卫,暗杀未成。

镇江督军参谋陶俊保则是
被陈其美诱杀于沪军都督府。
上海光复之后,陈其美随即组建
江浙联军攻打南京。在攻打江
宁的时候受挫,江浙联军总司令
徐绍帧向陈告状,称陶俊保扣押
了上海支持南京的军备武器,陈听后大
怒。此前时任镇江督军的林述庆与参
谋陶俊保曾对陈其美出言讥讽,扬言沪
军都督府的成立使得江苏不能统一,陈
想做都督应该继续北伐。两项加在一
起,陈其美动了杀心,诱骗陶至沪军都
督府,未经审讯直接就地枪杀。史料中
说,陶穿着新的狐皮袍子,上面被打了

十三个血洞。

另一个民国时广为人知、公认被陈其美暗杀的人则是光复会的主要领导人陶成章。同盟会初期由孙中山的兴中会，黄兴的华兴会和章太炎、陶成章的光复会组成。但章、陶两人多次因筹集经费的问题发起倒孙风波，后脱离同盟会独立行动，还拟了《孙文罪状》到处宣扬，黄兴则以大局为重，力挺孙中山。在孙中山就任临时大总统以后，陶成章又旧事重提，认为孙中山侵吞筹款，不配当总统。陈其美是孙中山的坚定支持者，后陶成章又与陈其美因争夺浙江都督矛盾加深，这使得陈对陶起了杀心，终于痛下杀手。有一种说法，当时执行暗杀任务的就是陈其美的追随者蒋介石。这一血案标志着光复会与同盟会的决裂，也是关于陈其美功过论断中最重要的问题之一。

二次革命时，陈其美在上海多方奔走，筹措经费，重新组建革命力量"讨袁军"。商务印书馆创始人夏瑞芳则支持"驱逐讨袁军司令部"，被上海讨袁军总司令陈其美派人在上海暗杀身亡。郑汝成是袁世凯心腹，二次革命时镇守江南制造局，曾重创讨袁军，被袁世凯升为海军上将镇守上海，掌握上海军政大权。陈其美强攻无果，派死士将其暗杀。

刺人者终被刺。中连环毒计、惨遭暗杀成为陈其美最终结局。

普遍认为陈其美被刺是袁世凯指使的报复行为，实施连环计暗杀的人是张宗昌，他被袁世凯巨款收买之后，转而收买了陈其美的部下程子安和李海秋。暗杀者设计了一家鸿丰煤矿公司，假意透露要将其卖给一家日本公司，得知陈人脉甚广，如能谈成许诺付给中间人20万大洋酬金。当时陈其美正苦于筹措革命经费，就同意约见。1916年5月18日晚，双方约在萨坡赛路14号，没想到没等来合同，等来的是子弹。

陈其美遇难后，迫于袁世凯压力无

人敢去收尸，据传最后是陈之义弟蒋介石冒死将尸体背回自己的住处，买了棺材入殓。孙中山得知后，也不顾危险赶来，抚尸痛呼：失我长城。陈其美遇难后不久，1916年6月6日，袁世凯在一片讨伐声中黯然离世。党禁解除，革命党人在尚贤堂为其举行了追悼会。

陈其美早年写过一首诗《吊吴君樾》：

我爱吴夫子，视死忽如归，慷慨赴大义，初阳生光辉，

志士赫然怒，有家且不顾，使吴君而在，执鞭所欣慕。

诗中的吴樾是早期革命党"北方暗杀团"的团长。他刺杀清廷五大臣未果，自己却被当场炸死。诗中可以看出陈其美对吴樾的崇拜。蔡元培在陈其美遇难后评价道"可补游侠货殖两传"，称他为民国第一豪侠。

陈其美投身革命的10年（28岁到38岁）从辛亥革命、二次革命到护国运动，这段时间，正是中国政坛你方唱罢我登场的风云变幻时期，陈其美短暂而后来居上的革命10年与民国时期的上海紧密地交融在了一起。在上海，曾经不仅有陈英士纪念塔，还有英士路、其美路，就是现在的淡水路和四平路，道路在当时以此命名，就是为了纪念辛亥革命元老级人物陈其美。在南昌路的老渔阳里，还有一处中华革命党上海总机关旧址，此处曾是陈其美在二次革命期间重要的指挥活动地点。而陈英士纪念塔终因政治环境的变化、象征意义减弱，消失在城区的变迁中。陈其美对民族民主革命做出过较大贡献，支持孙中山，任事勇锐，为国民党早期不可多得之人才，但是他的行事作风也给他造成了一些污点和身后争议。在革命的大背景下，也许客观上因为缺兵、缺钱、对局势的错判，他只能采取一些较为极端的革命手段，这也导致他只能作为一个有着历史局限性的革命者而被载入历史。

▲黄昏时分鸟瞰老西门街道

西门的畅想

潘燕兵

　　东西走向的中华路,是全长三公里的老马路,辟筑于1913年,与人民路衔接,构成了上海的心脏环,这条路串联起南市人的回忆,也串联起上海城厢的历史。从19世纪的城垣到如今的百年老马路,中华路串起了小东门、大东门、小南门、大南门、小西门和老西门,这块区域是老城厢的发源地,是当年的上海中心,是如今的上海之根。而在中华路延伸出来的一条小巷,名为梦花街,这条充满诗意名字的小巷,周边有带着时光印迹的楼房,有鳞次栉比的商铺,有明清风格的建筑,有面带微笑穿梭其

51

▲ 文庙魁星阁

▲ 老西门老城厢弄堂的夜

▲ 老城厢路口

中的居民，还有历史积淀浓厚的文庙。细细品味，儒家文化与海派文化在这里相互碰撞与交融，市井烟火与文庙香火在此交织相融，历史与未来在这里碰撞，这里形成了"一个鲜活存在着的上海文化旧市井"，这里形成了富含文韵又接地气的老西门。

传续的烟火

在老西门，旧市井的烟火故事，是关于那些在弄堂里追逐嬉戏的孩童，是关于那些在石库门前下棋的老者，是关于那些在街角小店中忙碌的店主，是老城厢的每个亭子间、每个屋檐下都藏着的那一段"花样年华"。这些故事，如同一幅幅生动的画卷，展现了过去老西门市民的生活百态。现如今伴随上海中心城区成片二级旧里以下房屋改造全面完成，这些掠影也终将变成记忆，这些故事也已经被"西门烟火摄影展"以另一种风格展现。继续讲好西门故事，书写好西门记忆是老西门街道一直做的。未来，街道也一直会以这些烟火故事为载体，继续保护和修复那些历史悠久的建筑，用照片记录市井的珍贵瞬间，用记忆延续城厢的历史文脉，用传承赓续城市的活力脉动，让它们成为连接过去与未来的桥梁。

沉浸的书香

深秋，收获的季节，在文庙里，风吹落最后一片枯黄的银杏叶，伴随着文庙区域的大修与零星地块旧改，曾经门庭若市的文庙，现在多了一点安静。老西门曾是"四大书院"的起源地，被誉为上海最有文化气息的区域，而如今面临着"没氛围"的现状，街道该如何在这历史的十字路口，将这段历史与文化传承和发扬下去？这是一个很有分量的命题。街道未来会积极探索"书香街区"建设，越是书香，越能缔造出城厢的记忆。发散从先前的"到孔子家上学""老西门春联大会""文庙新六艺""文庙书展"，到现在的"我在老城厢修建筑""环城寻门记""龙门乡愁""厢犹新生"等文化活动的辐射效应，联合辖区内的各所学校，发展以儒家文化体验与"学校+社区+家庭"文教互融共促为特色的历史文化传承载体，延续好文庙书市的更新和建设，打造多元复合的书香业态，创新发展文化书香，将积淀百年的城厢文化、流传千年的儒家文化、时尚包容的海派文化延续与发扬，让一花一树，街区肌理都弥漫着氤氲书香，潜移默化雕琢街区气质；让城厢之源的文脉集聚更多的新质文旅产业、文化企业，成为书香街区活力的新动能。待文庙修建完成，待街道转型蝶变，共同畅想历史文化的大树将枝繁叶茂、花团锦簇。

焕新的生活

建筑是一座城市的肌肤，漫步在老西门，能看到殿宇巍峨、飞檐翘角，能看到欧式山花和柱式等西方建筑元素，能看到中国传统特色与古典主义风格的交织，令人目不暇接，宛若一个露天博物馆。经历了百余年"烟火气"洗礼的弄堂博物馆，同样也存在着许多烦恼，空间逼仄、常年漏水、墙面掉落、发霉斑点、楼道堆物、违章搭建，甚至还要倒马桶……面对"无从下脚"的现状，未来，街道仍要积极探索精细化治理，稳步推进打造"精细街区"，统筹开展"一街一路""美丽家园"建设、老旧小区旧住房综合修缮和外立面维护更新等精细化管理项目，推动"三口"（道路的路口、里弄的弄口、单位或小区的门口）"三面"（建筑立面、第五立面、铺砌地面）和"三台"（露台、窗台、阳台）微更新、微改造，实现全街区、全要素一体化提升。街区未来会持续挖掘绿色潜力，推进公共设施趣味性营造，结合人文元素植入景观美化，进一步推动消极空间的积极化转变，改变动迁后的区域没有绿化的现状。结合街区实际提出"吾园计划"，计划在街区公共空间打造"一环、四集、百景"，"四集"分别为吾园花集（社区植物园+）、吾园市集（文庙+）、吾园雅集（龙门邨+）、吾园云集（数字+）。其中吾园花集将从城市自然碳汇、自然科普阵地等理念出发，利用街区社区的点状、块状、带状等灵活用地，通过复杂且稳定的植物群落或小生境营建，打造兼具珍稀植物保育、小型野生动物栖息、自然科普宣传、市民观景休憩等功能的小型绿地，引导低碳绿色生活，重拾城市绿色记忆，促进人与自然和谐共生。

从之前的成立文庙街区功能型党委和共治理事会，到创设"公房治理联盟"，再到如今"党建引领城市更新全周期"的特色城市更新治理模式，针对不同时期、不同阶段、不同人群，街道关于基层治理的工作也蕴藏不一样的"匠心"，但街区焕新的工作目标永不变。未来街道将井然有序地推进街区治理，稳扎稳打地实现街区转型，并通过"1510"组合治理模式，开展1平方米家门口治理、5平方米楼道空间塑造和"零

▲居民区

▲老西门地铁站

▲复兴东路夜景

▲零距离家园小站

距离"10平方米小站建设,推出配套"4456"保障机制,形成服务清单,为居民、企业和社会组织全方位提供优质且温暖的服务。

幸福的认同

如何将社区打造成宜居、宜业、宜学、宜游、宜养的生活样本?如何构建具有归属感、舒适感和未来感的新型城市功能单元?如何将社区打造成一个精彩纷呈的"全人群友好幸福社区"?这是老西门街道锲而不舍努力答好的问卷。街道深入推进"10分钟社区生活

◀文庙的秋天
▼老西门街道一街一路

▼龙门邨地标(左)
◢老城厢居民文化体验地(右)

圈"建设,不断完善便民服务网点布局,积极探索打造多功能集合的社区服务站点,助推医疗健康国际化、高端化、专业化和特色化发展,联动辖区内的学校推动教育资源溢出,倡导全民健身健康生活方式,进一步提升为"一老一小"和特殊人群的服务功能,营造全龄、全域友好社区生活氛围。街道以南六、复兴荟项目为重点,打造商业配套齐全、便利品质的成熟社区生活圈和经济圈。在实践中探索建立了一套与中心城区特点相适应、与居民实际需求相匹配、与区域经济社会发展水平相协调的模式,可谓"有一份资源,发一份能量"。在社区商业方面,确保持续提升业态和品质"一直在路上",以满足居民多样化的品质消费和服务需求。努力以打造主要居住区"10分钟生活圈"为目标,进一步提升、优化、完善社区商业,努力建设群众安居乐业的幸福家园。由于零星旧改地块较多,老城厢里的"新就业群体"为老城厢的画卷增添了一缕或蓝色或黄色的光晕,也为城区注入了新的活力。为凝聚力量,扩充治理力量,增强社区认同,在原先"第二梯队"党建品牌的基础上,深化创建"西门荟治"党建引领基层治理品牌,组织开展"社区伙伴日"活动,"荟"众力谋发展,"治"高远"益"同行,凝聚起有热情、有实力、有资源参与社区建设的社区小伙伴,做到同频共振、同题共答。

传统文化落凡尘与不落窠臼,街区治理更新有针对且稳步推进,社区多元主体归属认同不断增强……老西门的蝶变焕新仍在继续,也许永远不会结束。叶子用飘落证明换季,老西门用蝶变证明新旧的交融与交替。畅想在若干年后,人们到老西门,对这里的气息、氛围、环境、业态都有一见如故的感觉,享受每一段与老西门有关的时光,感受每一份与幸福相融的温暖。

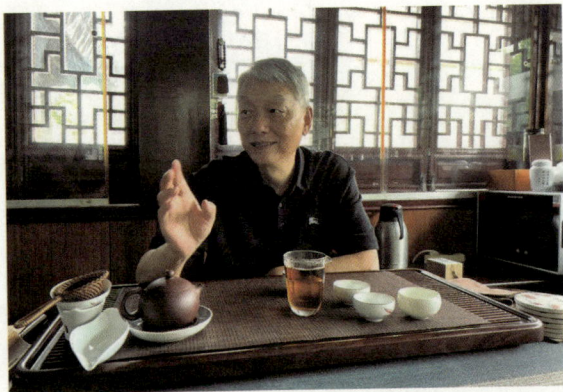

守望老城厢的海上文脉

朱鹏高

上海,文人墨客称之为海上。海上文脉,根在海派书画。海派书画启自明清,清末民初达到巅峰。海上"四大家":任伯年、吴昌硕、虚谷、蒲华都曾活动在老城厢,老城厢的文庙、豫园、大境阁,便是海上文脉的旗帜,深深烙下了老城厢海上文脉的印记。

我出生在乔家路,这条几百米的小巷,曾是沪上文人雅士的聚集地。我的家离明代科学家徐光启的故居只20多米。在这条路上,有王一亭的"梓园",是文人墨客经常聚会的江南园林。大画家朱屺瞻也出生在乔家路,还有明代名将、书法家乔一琦,清代学者乔光烈,藏书家郁泰峰，另有朱氏望族的"九间楼"。乔家路被称为"半壁老城厢"，有着辉煌的篇章。

我出生后，受乔家路文化的影响和家庭的熏陶，便爱上了书画艺术。我6岁开始习书法，在旧报纸上练字，经常去看吴昌硕写的"梓园"，也到城隍庙临写许多名家写的匾额。老城厢的书香和墨香伴随我走过了孩童时代，我开始挚爱于传统书画。

1975年，我主动报名去海丰农场插队，又苦又累的农场生活，也没改变我挤时间写字作画的爱好。一年后沈阳空军来农场招兵，我便参军去了沈阳空军的后勤部门。在部队打了两年山洞，后来转去干文书，写字、画画、搞宣传，又开始了我热爱的书画创作。

1981年从部队回来后，我被分配到南市区的街道办事处当了一名宣传干部。工作之余，依旧割舍不下的还是酷爱的诗、书、画。由于工作关系，我接触到了一些南市区的老画家，当时有些老

▶朱鹏高1958年生于上海，出身书画世家。自幼临池挥毫，遍临唐宋诸家，并逐渐形成独家面貌

画家还被居委会安排干扫地、值班、读报纸等杂活，我便通知居委会，老画家有另用，由街道来安排任务。我把老书画家们组织起来每周开展活动，进行书画创作交流，渐渐地影响扩大，吸引了整个南市区的老书画家来参加活动。1984年，街道成立了上海第一家"南山书画社"，第一任社长是南下干部——书法家张成之，副社长是江南春和我，由我主持日常事务。

随着书画社的工作越来越多，我干脆辞掉了"铁饭碗"，一门心思搞起了艺术。我选择文庙的魁星阁作为办公地点，魁星即文曲星，在那里开展书画活动是很合适的。三年后，画家队伍不断壮大，小小的魁星阁不敷使用。

后来，得知大境阁已修复，我发自内心的激动，大境阁原本就是海派书画

的发源地，上海最早的书画社团"萍画社画会"1862年成立于此。清末民初，此阁曾是"海派四大家"任伯年、吴昌硕、虚谷、蒲华，以及吴逃禅、华墨龙、朱屺瞻等名家作画会友之所。虚谷晚年更是住在大境阁内，最后圆寂于此。如果评海上文脉之首，当属大境阁。如果能把书画社迁到此地，那可真是适得其所，也是"天降使命于吾也"。经过努力，多方奔走，得到南市区人民政府的支持，终于入驻大境阁。随即将南山书画社更名为上海海上书画院。

入驻大境阁，让我既高兴，又有压力。大境阁的修复极其不易，当时财政困难，南市区有十万个马桶急待改变，对古建筑是否修复存在分歧。好在区委、区政府最终下定决心，市委、市政府给予经费支持。所以画院入驻以后，深感责任重大，要把海派书画好好传承下去，使海派书画发祥地能弘扬广大，在新时代继续放光出彩。

乔迁之后，画家队伍迅速发展壮大，成员由南市区扩展到全市，并影响到全国，有100多位相当水准的书画家登记在册，参与各种活动。其中大部分是中国美术家协会会员，也有大学美术老师、

不怨天不尤人

论语摘句朱晞颜书

中学美术老师、部队艺术创作员和职业书画家。每个周一和周四，画院都会在大境阁举办活动，画家们欢聚一堂，切磋笔墨，畅谈人生。这样的活动已经坚持了几十年，书画家们非常喜爱大境阁，把大境阁当成了自己的家。而画家们在一起时间久了，亲如手足兄弟，有不少老画家当生命即将走向终点时，都不忘来大境阁告别。93岁的敬业中学美术老师徐培三，最后一次来大境阁时对我说，我要走了，去见马克思，今天是我生命中最后一次来大境阁动笔。回家没几日徐老师就逝世了，令人唏嘘。

书画家们都是海上文脉的继承者、守护者，他们是传播美的天使。为了照顾年迈的书画家，画院成立了"帮困基金"，画家遇到各种困难都会得到帮助，每年由画院党支部慰问老弱病残，并发放慰问品和慰问金。在古城墙的密道里，画院设立了"海上神坛"，把已故老画家的牌位供奉起来，每年清明、冬至日祭奠他们，并请僧人超度。当年和我一起参加南山书画社的老人，大多已作古，如今只剩下两三位。而海上文脉的传承者依然有后来者，画家队伍还在壮大。

画院走过了40年的历程，取得了许多成绩，出版了50多本大型画册，举办了30多场影响深远的画展，还举办了世界华人国画大展，画院经常举行海峡两岸书画交流、中日书法笔会和联展。大境阁的海上文脉得到延续，并影响深远。多年来，画院屡次受到市侨办、市委统战部的表彰，还连续两次获得市委统战部颁发的"优秀基层党组织"称号。

书画院在大境阁办得有声有色，吸引了许多画坛名家来参观。有一次，著名画家程十发协同名画家徐昌酩、曹简楼、乔木来到大境阁，见了我就说，为什么不早点请他来。著名山水画家、黄山画派开拓者徐子鹤多次来到大境阁，表达了对海派艺术的敬重。台湾著名画家欧豪年也来到了大境阁，参观一遍后

说，这里是画坛圣地。时任中国美协主席刘大为来到大境阁，开口便说，我来这里吸灵气。日本和韩国的书画家组团来参观。日本书画家来到大境阁时，更是表达了对海上画派深深的敬意，当我介绍大境阁的历史，提到吴昌硕时，所有人会深鞠躬。现在，全国各地的书画家来大境阁参观的络绎不绝，凡是来者，无不表达了敬意和膜拜。

海派绘画曾经占据过画坛的半壁江山：齐白石曾从北京来上海欲拜吴昌硕为师；徐悲鸿来上海报考艺术专科学校；张大千兄弟从四川来上海学习闯

▲一座建在古城墙上的古建筑——大境阁

▲大境阁

▲海上书画院院址

荡；林风眠来上海创作多年，海上文脉出现了很多书画巨匠。眺望历史长河，不禁让人感叹，随着时代的变迁，海派不复强势，我们面临的是重振海派的任务，为此，我经常思考的是如何把海上文脉传递下去，得到振兴。

2015年底，一次偶然的机会，我来到金山张堰古镇，一眼就爱上了那里的古建筑，当得知千年古镇是秦始皇第五次巡游之地、张良晚年隐居之地、民国"南社"创建之地，触发了我的海派艺术情怀。当受到古镇邀请入驻时，立马应允，在"南社"对面的卢家祠堂挂牌画院创作基地。修缮后的卢家祠堂焕然一新，成为海上文脉传播的高地和亮点，起名"大境堂"，与"大境阁"遥相呼应，自此，大境阁文脉被拉长，也被深化。大境堂经过多年的努力，已名闻遐迩，成为金山的文化打卡地，更是海上文脉的重要点位。

几十年来，我自觉担负起传承和重振海派书画艺术的使命。海上文脉从明清到南社，大境阁、大境堂、文庙、关帝庙，串联起来成为海上文脉中一个个闪光点。我自愿一生守望老城厢的海上文脉，更愿老城厢的文脉，永远鲜活，永远跳跃，永远澎湃。

我不由感慨：大境楼阁接沧波，千载文光射斗罗。

浦江舟楫秦汉月，涛声依旧文曲多。

文脉撷萃

WEN MAI XIE CUI

　　文脉悠长的街巷里，人文内涵的彰显中，老城厢传统文化好似一颗颗珍珠，散布在属于它们的领地上。信手拾起，颗颗熠熠生辉。小学中学、书店书院、灯会庙会、三教五场所……你尽可寻找不可或缺的情感归宿；彰显海纳百川的诗意栖居；洞见继往开来的城市记忆。最能慰藉心绪的：吃上一碗汤圆，扎成一个花灯，猜出一则灯谜……

上海书店
有乾坤

李忆庐

▲黄浦区人民路1025号(原小北门民国路振业里口11号),上海书店旧址

在古城公园绿地的人民路同庆街口,草坪上竖立着一块纪念碑,上面写着"上海书店遗址"六个金色大字。这里曾是中国共产党最早创办的公开出版发行机构——上海书店。

1923年中共三大召开后,中共中央机关从广州迁回上海。为了扩大宣传,急须建立自己的出版和印刷机构。负责中央宣传工作的瞿秋白认为,在错综复杂的形势下,不宜由共产党的领导同志出面操办书店的创建和管理。经中央候补执委徐梅坤提议,在绍兴女子师范学校任教的共产党员徐白民,被选调来上海筹办并经营书店。

关于选址,经大家协商一致认为应该符合"交通便利、简朴为宜、易于隐蔽"三个特点,且最好选址在华界。经过周密准备,最终选址在华界的民国路振业里口11号(今人民路1025号及1027弄1号过街楼)。这条民国路,靠北为公共租界,靠南就是华界,在两区交界之处,是治理的缝隙地带且交通便利。1923年11月1日,上海书店正式开业,楼上过街楼作为宿舍和党内活动的秘密场所,楼下布置为书店。店堂靠墙两边是按房间高度定制的木质玻璃书橱,中间有一个橱柜放置笔墨纸等文具。

《民国日报》的副刊《觉悟》,登载了上海书店的开店启事:"我们要想在中国文化运动上尽一部分的责任,所以开设这一个小小的书铺子。我们不愿吹牛,我们也不敢自薄,我们只有竭我们的力设法搜求全国出版界关于这个运动的各类出版物,以最廉价格供献于读者之前,这是我们所愿负而能负的责任。"

上海书店的主要任务是出版发行中共中央的宣传刊物,在极短的时间里,先后出版了《共产党宣言》《反帝国主义运动》《平民千字课》《夜校教材》《世界劳工运动史》等20多种进步新书。1923年10月广州"新青年社"结束业务,《共产党宣言》《资本论入门》《列宁传》《京汉路工人流血记》等十余种存书移交上海书店出售。为避免过于引人注目,这些进步书刊都放在不起眼的地方。在铺面的显眼玻璃橱窗上,摆放民智书局、亚东图书馆、新文化书社、商务、中华等代销的出版物,同时还兼售一些文具用品。

店内聘用三四个店员,应付日常工作,兼做保卫工作。徐白民作为上海地委兼区委执行委员主持书店的出版、印刷、发行等具体工作,瞿秋白、蔡和森、

▲上海书店在《民国日报》上刊登开业广告

恽代英负责各刊物的编辑工作。当时，《向导》《前锋》《新青年》等刊物都由上海书店印刷发行。瞿秋白在书店过街楼上的秘密宿舍内编撰的《社会科学讲义》也在这里出版。他们当时都这样年轻，书店开张之际，蔡和森、恽代英和徐白民只有28岁，瞿秋白仅24岁。

创办初期，书店的生意非常清淡，一天只有四五元的营业额，很少超过十元，只能勉强维持。经过半年多的开拓发展，1924年下半年经营状况才有起色。以后的党内出版刊物，所需费用都由上海书店承担。1925年，随着全国革命形势的高涨，马克思主义著作和进步书刊的读者越来越多，于是出版了不少新书，有杨明斋著的《评中西文化观》等。蒋光慈著的《新梦》是讴歌十月革命和社会主义制度的诗集，也由上海书店出版。《新青年》介绍这部诗集是现代中国文学界的"一个响雷、一盏明灯"。这本诗集多次印刷再版，深受读者喜爱。

该年冬，正在广州农民运动讲习所学习的毛泽民(毛泽东胞弟)奉命来沪，担任中共中央出版发行部经理，并兼所属公开业务机构上海书店负责人。当时，中央出版发行部机关办公地点在新闸路培德里，毛泽民的对外身份是上海某印刷厂老板。徐白民负责书店的出版,而毛泽民负责发行。

上海书店设在华界,位置相对偏僻,对于上海其他区域的进步学生和读者来说,购书不便。毛泽民首先在沪西、沪东、沪北开办了分销处,还在长沙、湘潭、广州、潮州、太原、安庆、青岛、重庆、宁波等20多个大中城市开设分销店和代办处,甚至在海参崴、香港、巴黎也设立了代售处。

在两年多的时间里,上海书店出版了30余种出版物,除了学术性著作外,还出版了《革命歌声》《世界名人明信片》等通俗小册子和画片。当时,各地都在办平民夜校,急需适用的教材,上海书店很快出版了《青年平民读本》,这本书分4册,每册24课,每天教一课,选用日常应用的1300余生字,运用发票式、借据式、记账式、故事式等多种生动、实用的形式,进行社会政治和经济、历史方面的教育普及。上海书店源源不断出版的书籍刊物,受到各地工农青

年的欢迎,成为点亮全国各地革命的信心启蒙。

1926年2月4日,孙传芳指使淞沪警察厅查封了上海书店,并拘捕书店的账房田家声,所加的罪名是"印刷过激书刊,词句不正,煽动工团,妨害治安"。2月17日出版的《中国青年》刊文控诉了军阀这一丑恶行径,并表示:军阀以武力摧残我们,然而革命的势力是

▲上海书店旧址在2001年建造环城绿地时拆除,立石碑纪念

摧残不了的,我们希望读者与我们的努力,能战胜一切压迫与黑暗。毛泽民和徐白民商议后,将书店搬入租界,并在宝山路开设宝山书店,继续发行工作。不久毛泽民前往汉口建立长江书店。

1927年3月,《向导》《新青年》《中国青年》三种刊物的总发行所更名为上海长江书店,设在老西门共和影戏院旁边,同时在《民国日报》《时事新报》等当时颇有影响力的报刊上连续多天登载开幕启事和广告。然而1927年4月12日,蒋介石发动反革命政变,才正式开业几天的上海长江书店关门。负责印刷装订的老板出卖了毛泽民,在毛泽民单独前去洽谈业务时,将他反锁屋内后外出通风报信。好在毛泽民跳窗而出,不久奔赴武汉,继续出版发行工作。上海书店虽然被查封,但它对普及社会主义知识、宣传党的理论、传播新文化思想起到了积极作用,在出版史上具有重要的地位。

1989年5月,南市区文化局集资在这里开设了一家“文化生活书店”,门口的店门两边各悬挂小黑板,写上店内的推荐书籍,我的同学还保存着在这里购买的书籍,并盖章留念。书店的内墙上安置玻璃橱柜来陈列革命史料,这也是上海书店的革命和人文精神的延续吧。2001年底建造环城绿地时,上海书店旧址房屋被拆除,在原地勒石以纪念。

梅溪故事汇

万晓岚

1878年12月,张焕纶在上海县城小西门的蓬莱路,创立了正蒙书院。除了张焕纶外,还有他在龙门书院的同学沈成浩、徐基德、范本礼、叶茂春、张焕符等,他们分别任教数学、化学、舆地(地理)、体育等课和管理校务。书院经费全由私人捐助,各位创办人或出房屋、或出钱钞、或捐助校用杂物。教员教书纯尽义务,均不取报酬。

开始,社会上对书院持怀疑态度,入院就读的学生很少。经教员、校董动员,并送自家子弟入学,才有40来名学生。后来,由于办学成果显现,学生逐年增加,到1882年已有学生近百人,成

▲ 正蒙书院旧址

首创在小学中成立童子军组织，并进行军事训练。

▲童子军

▲1927年小学毕业生合影

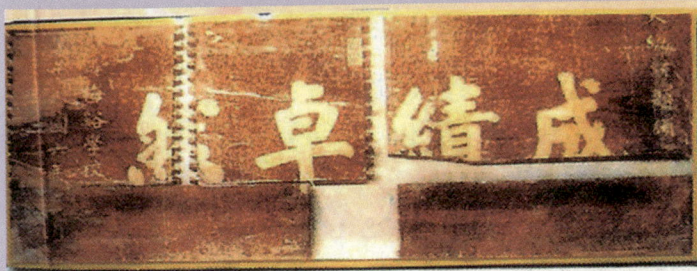

1917年代理大总统冯国璋为梅溪小学四十周年校庆赠匾致贺

▲成绩卓然

▲春游合影

为一所颇具规模的学校。这一年，苏松太道邵友濂因钦佩张焕纶执着的办学精神，拨款为学堂改建校舍，还新建了洋文书馆，并聘请了通晓西文的人员任教。张焕纶向邵友濂建议：书院"考其地，正当县志梅溪故址"，改称梅溪书院为妥。邵友濂同意了这一建议，1882年，正蒙书院改名为梅溪书院。1902年，清廷令各地书院改为学堂，梅溪书院又改为官立梅溪学堂。民国以后，称市立梅溪小学校。新中国建立后改为蓬莱路第一小学，1986年恢复为梅溪小学。就让我从一物一人两个角度来讲一讲中国人自己办的第一所新式小学——梅溪小学的故事。

成绩卓然颁匾表彰 失而复得梅香溢远

现在梅溪校史室里还藏着三件宝贝：匾额、石碑、铜铃，它们都有百年以上的年岁，一直在讲述着教育的初心。

正蒙书院虽然沿用了旧式书院的

▲梅溪创始人张焕纶（经甫）先生

名称，但学校课程设置、学生组织管理、作息制度都参照西方学校。张焕纶在学校里废帖括、讲时务、教外语、进行军训、夜巡城厢，激起了封建士大夫的强烈反对。然而，梅溪的改革毕竟顺应了时代潮流，最终还是得到了社会的肯定。1917年12月，梅溪小学举行建校40周年纪念会，临时大总统冯国璋特颁匾额，上书"成绩卓然"，著名教育家黄炎培则作了"吾国教育上海发达最早，而

▲1946年时的校门

▲现今的梅溪小学学校铭牌

上海教育梅溪实开其先"的题词,可见梅溪书院在当时的地位。"成绩卓然"匾额还有一个失而复得的小插曲。

20世纪60年代的"文革"中,刻有"成绩卓然"的匾额遭遇危险,因其体积大,藏它成了个难题。梅溪的老师们着急,却心有余而力不足,突然有一天,匾额消失了,它的去向无人所知。渐渐地,匾额从人们的记忆中抹去了。

10年以后,梅溪小学恢复了原来的热闹。一天,郑姗美老师来到体育室的那间小屋,欲将尘封了许久的体育器材搬出来。当大家扛着一个木制的篮球箱从屋子里出来时,球箱的重量和木板的厚度让她产生了疑问。老师们把球一个个拿出来,球箱的内壁上显现出字的痕迹,大家仔细一看,原来这个装篮球的箱子正是用当年的那块匾额做成的。老师们感慨万分,感谢那位智慧且胆大的老师。

离乡抵沪初露才华　胡适之就读新学堂

1904年2月，14岁的胡适随三哥来到上海。这年春天，他来梅溪学堂就读。由于初来的学生以前没有学过算学和英文，因此，梅溪以学生的国文程度作为分班的标准。先生问胡适可曾开笔做过文章，一身乡下人打扮的胡适回答说"没有"。于是，先生就把他编入了第五班，并发给了他三本文明书局编印的课本：《蒙学读本》《华英初阶》和《笔算数学》。第五班是学堂中最低的一个班，相当于小学一年级。

初夏的一天，教《蒙学读本》的沈先生读书时念了一段引语："传曰，二人同心，其利断金。同心之言，其臭如兰。"接着，先生说这是《左传》上的话。没等先生讲完，胡适就拿着书走到先生桌前低声说："这个'传曰'的'传'是《易经》的《系辞传》，不是《左传》。"沈先生脸红

▲梅溪小学操场

▲梅溪小学教学大楼

75

▲梅溪小学学生与企业员工共同举行猜灯谜活动

了，问他读过哪些经书。胡适回答说，除了读过《易经》外，还读过《诗经》《书经》《礼记》。先生脸上露出赞赏的神色，出了个"孝悌说"的题目让胡适做做看。不多时，胡适写了100多字交了上去。先生看了，即将胡适领到楼下的二班。这样胡适一下子从第五班升到了第二班。

不久，胡适的二哥从武汉给他带来了《明治维新三十年史》《新民丛报汇编》等维新派的书。以前从没接触过这些改良主张，使胡适颇有振聋发聩之感。回到学校，他如饥似渴地读了起来，几个同学也争相传阅，并常在一起议论维新一类的话题。一天，有位同学借来了一本邹容的《革命军》，胡适到上海不久就听到许多关于《苏报》案邹容在狱中不屈不挠的斗争事迹，因此读

《革命军》时一种崇敬的心情油然而生。大家决定将书抄下来。于是，每晚在舍监查夜过后，胡适和几个同学偷偷起床，借着烛光，抄完了全书。

1904年底，胡适等4人因成绩优秀，学堂准备送他们去上海道衙门参加考试。胡适和另两人决定罢考。为了不让学堂知道，他们在考试前就离开了学堂，让上海道出了不大不小的洋相。第二年春天，胡适进入了上海的澄衷学堂。在那里，胡适又读了严复翻译的《天演论》和梁实秋的《中国学术思想变迁之大势》等著作，这为他后来成为新文化运动的倡导者奠定了思想基础。

胡适在《四十自述》中回忆道："我父亲生平最佩服一个朋友——上海张焕纶先生。张先生是提倡新教育最早的人，他自己办了一个梅溪书院……他死了二十二年之后，我在巴黎见着赵颂南先生(时任中国驻巴黎总领事)，他是张先生的得意学生，他说他在梅溪(正蒙)书院很久，最佩服张先生的人格，受他的感化最深。他说，张先生教人的宗旨只是一句话：'千万不要仅仅做个自了汉。'我坐在巴黎乡间的草地上，听着赵先生说话，心里想：张先生的一句话影响了他的一个学生的一生，张先生的教育事业不算是失败。"

100多年来，梅溪为国家培养了众多的杰出人才，校友遍布国内外。如国际广告美国教育委员会委员徐百益、著名电视节目主持人陈铎、中共复旦大学党委原书记秦绍德等，都曾就读于梅溪小学。

宝贝失而复得，校友人才辈出，岁月留痕，精神永驻。正蒙的思想，度岁月重洋，悠悠老城厢，熠熠新学堂。愿146岁的梅溪勇担使命，再创辉煌。

海上名庠 岁月典范
——上海市敬业中学史绩

王旭峰

位于上海老城厢的敬业中学,创建于清乾隆十三年(1748),至今已有270多年历史,是上海历史最悠久的名校之一。

据清嘉庆《上海县志》记载:"敬业书院初名申江书院,在县署北,明潘恩宅也。"有关史书记载,潘恩在明嘉庆时以左都御史致仕,其子允端官至四川布政使,曾显赫一时。其时,潘恩父子在上海大建居第,其中包括现在的豫园和申江书院的旧址世春堂(即今梧桐路安仁里一带)。清乾隆十年(1745),江苏按察使翁藻曾驻上海,公务之余,常集诸生讲解经书,并积极筹措创建书院。旋因奉调江西,计划遂搁置。两年后,翁藻还调江苏,乾隆十三年(1748)与当时上海知县王率先捐俸,将世春堂修缮一新,改建为讲堂斋舍,定名为"申江书院",作为举贡生童每月会课场所。

清乾隆三十五年(1770),巡道杨魁集资大兴土木重建书院,改名为敬业书院。"敬业"出自《礼记·学记》中的"三年视敬业乐群"之句。每岁除正月、十二月外,官师各占10课,由巡道出题。知县间月轮流出题阅卷,师课由山长出题阅卷。书院既有饱学宿儒授业,又给学生发一定的"膏火津贴"和书籍以奖励学业,开了上海书院制度之先河。于是

▲1748年创建申江书院的翁藻

▲民国时期敬业中学第一
任校长叶景沄

▲时任市长吴铁城为敬业高中土木科毕业生
颁发文凭

上海本地与外地有志于学业者纷纷慕名而来。林则徐任江苏巡抚时,抵沪后常以书院作为居停理事之所,并为书院题辞"海滨邹鲁"。邹鲁者,孟子为邹人,孔子为鲁人也,其意为盛赞敬业书院为东海之滨培养出类拔萃人才的处所。道光进士、近代维新思想家冯桂芬也曾于1860年至1862间出任敬业书院的山长。1862年,署布政使吴煦迁书院于旧学宫基(今聚奎街一带)。清同治

十年(1871),书院开始用作考棚,"每岁课两届县试文童于书院"。

1902年,当时的上海知县汪懋改书院为新式学校,定名为敬业学堂,以姚文楠、叶景沄、李鸿膏、刘汝曾为董事,张焕纶为总教,并于同年4月1日开学。比清政府正式颁布"癸卯学制"还要早一年。

叶景沄早年就读于敬业书院,为光绪元年县试第一名、府试第三名,后又

于甲午科江南乡试取中第15名举人，为当时上海县邑儒学闻人。景沄先生任敬业学堂董事后，与黄炎培等人奉派赴日本考察教育，回国后，致力于创建新式学校的改制工作。1905年，敬业学堂采用校长制，由叶景沄任首任校长，并改校名为"上海县官立敬业高等小学堂"。

景沄先生一向推崇西方近代科学。他于1905年至1913年任敬业校长期间，首创在课程中设置"西算""理化""博物"等学科。从现今所存资料可以查阅到，在此期间，书院的"策论"课题有：《问中国印花税有无流弊》《格致之学中西异同论》《问西法设警察部果合于周礼司市诸职否》《商务利弊策》等。从这些课题所研讨的内容不难看出，当时敬业学堂的莘莘学子，已跳出了以往只钻研经书的学究式学习方式，而将视野转向有关富国强民的时代潮流。

敬业书院可谓人才辈出，最杰出的学子当数叶景沄之子叶企孙。他于1907年入敬业高等小学堂读书，日后创建清华大学物理系，成为中国原子弹的研究先驱。1999年9月18日，中共中央、国务院、中央军委在庆祝中华人民共和国成立50周年之际，表彰了当年为研制"两弹一星"做出突出贡献的王大珩、王淦昌等23位科学家。他们中的绝大多数都是叶企孙的弟子（少数则是他弟子的弟子）。叶企孙也被弟子李政道誉为"万世师表"。1998年6月，敬业中学举行叶企孙铜像揭幕仪式，钱伟长、

▲1936年敬业中学化学研究会师生正在做实验

▲校园全貌

李政道等著名学者专程赶来参加。

　　敬业中学还是一所具有光荣革命传统的学校。抗日战争时期，敬业成为上海学界抗日救亡运动的活动中心之一。

　　1937年11月12日，上海沦陷，敬业奉令停办，迁入租界，改组为私立南方中学，由陈霆锐任主任董事，徐梦周为校长。校址在静安寺路斜桥弄75号（今吴江路75、77号）。当时，中共隐蔽战线组织通过外围组织"学协"加强对各校学运的领导工作，并派"学协"党团书记黄文荃（张英）直接联系南方中学。

　　1938年8月，经黄文荃等人介绍，初

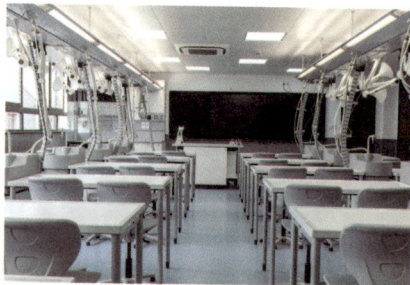

▲化学实验室

▲世春堂(敬业书院旧址)

▲校史陈列室

▲叶企孙像

▲校训碑

▲领导题词墙

三学生顾秋石(顾渊)、周东葵和林国俊(林在午)加入了中国共产党,并建立了南方中学第一个党支部,由顾秋石任书记。之后,党支部先后吸收了薛驹、郎新康、李国瑾(李田文)、蒋照明(乔石)等22人入党。至抗战期间,南方中学先后共有29名中共党员。

1941年12月,太平洋战争爆发后,日军占领租界,南方中学校长徐梦周宣布学校停办,大部分教员离职,学生离校。当时任南方中学中共隐蔽战线党支部书记的蒋照明(乔石),根据上级党组织"上海的中学一定要继续办起来,以免群众失散"的指示,团结部分教师和学生组建"四维学社",借正风中学(今中国中学)教室开学。

在党组织的教育培养下,南方中学最早的一批党员周东葵、李国瑾、俞炳生、周充瑞、张莘苞等同志还为中国人民的解放事业献出了年轻而宝贵的生命。

1945年8月抗战胜利后,南方中学复名为敬业中学,成为被国民党控制很严的所谓"市立模范中学"。在上级党组织的领导下,1946年6月,敬业中学重新成立了党支部,组织敬业学子参加1946年"六二三"反内战大示威,要求和平,反对内战。

1949年3月8日,在中共隐蔽战线党组织的领导下,敬业中学成立了公开的学生自治联合会,并出版了油印的进步刊物《敬中生活》。春假后上学的第一天,该刊就以快报的形式,报道了中国共产党提出的国共和谈八项条件和南京"四一"惨案真相。快报贴满了当时西大楼的整垛东墙,出现了千人争看"四一"真相的场面,广大同学及时识破了国民党蒋介石假和谈的阴谋。

上海解放后,陈毅市长签署一号令。受上海市军管会委派,陈云涛和翁曙冠同志共同接管敬业中学,开启了适应新中国教育的学校新篇章。

闹市清静地，儒学一脉承

——上海文庙焕新记

王娟

2018年底，黄浦区文物保护管理所从老卢湾区的渔阳里搬迁到了位于老南市区梦花街128号办公，即原上海文庙书刊交易市场。此前由于建筑消防安全隐患等问题，这个建于1993年的旧书市场整体搬迁后已空置10余年，院落残留着几处斑驳脱落的书店招牌和生锈的卷帘门，在仿古风格建筑的映衬下别有一番风味。一墙之隔是有百年历史的上海文庙，具有上海市文物保护单位的文化遗产属性，彼时尚未进行保护修缮工程。

说起上海文庙，无疑是上海老城厢的一处重要地标。上海县设于元朝至元二十九年(1292)，3年后设立县学，即上海文庙的前身。在随后的漫长岁月

▲魁星阁

▲大成殿前的孔子铜像

里，文庙对上海县城的地理空间和社会生活产生了不可忽略的影响，包括路名、牌坊名，到各类文教机构，以及从中走出的文人学士。即使在上海开埠乃至改革开放以后，老城厢作为上海城市之根，也始终是都市喧嚣背景下稳健的"守旧者"。不论是主动或被动的结果，在上海市区已经找不到比老城厢更具传统江南文化代表性的区域。而文庙作为儒学活动的标志性场所，以及尚文重教风气的象征，无疑是传承江南文化的重要载体，并且其精神内核在当下依然具有极强的号召力。

现存文庙建于清咸丰五年（1855），位于文庙路215号，闭馆之前每年的考试季都能吸引大量祈求学业进步的学子或家长。单位里有些同事上学时比较自强，读书时未曾来文庙求过孔子，但也都知道这个地方；还有几个从小生活在周边的"土著"，曾在附近淘过二手书刊，或买过动漫手办；再有就是那些更熟悉"梦花街馄饨""文庙菜饭"的吃货了。所以近些年的上海文庙依然是个本土知名地标，但算不上是热门打卡地。在整个上海地区，还有位于嘉定区的历史更悠久、保存更完好的嘉定孔庙,位于崇明区的面积更大的崇明学宫。但相对于后两者偏安一隅的独自魅力,闹市中的上海文庙却是中心城区重要文脉的一环,这也是促成多年来老城厢文庙第一次大规模保护修缮工程的关键因素,并从一个侧面反映出该处文化遗产与时俱进的城市生命力。

大约在2020年,有媒体开始报道上海文庙即将闭馆保护修缮的消息,引起不少本地市民的关注,他们的目光大多聚焦在历史风貌保留、街区功能定位等方面。这次文庙保护修缮工程的手笔主要是新建建筑再加上修缮原有建筑面积,完工后整体规模将达到1万3千余平方米,在原有的规模基础上增加了两倍,相应的建筑功能也将大幅提升。

作为文博行业从业者,相较于具体的改造方案,我们更关注这一项目在文化遗产活化利用层面的表现。通过文化遗产项目带动社区更新、区域振兴,在国际文化遗产保护领域一直是个热门话题,而在国内的相关领域中,对于文化遗产保护的观念也在与时俱进。

这一理念上的更新,在本次工程中的表现可圈可点。首先,从保护的角度看,与1997年上海文庙上一次修缮不同的是,这处建筑在2002年以后具有上海市文物保护单位的身份,这意味着工程必须遵守《文物保护法》等法律法规中对于文物建筑修缮的严格规范,例如不改变文物原状、最小干预等原则。这些原则确保尽可能保留文物的历史真实信息,实现以物证史的作用,也为后续研究留下了空间。因此,在文物建筑的改造利用方案中,保护始终是第一原则,功能等考量需要则后置。

其次,从活化利用的角度看,本次保护修缮方案中,在保留原有核心区域古建筑群落现状的基础上,于古建筑区域通过新建仿古建筑以恢复文庙的西庙轴、东学轴的传统规制布局,例如尊经阁、观德堂、致道斋、茶亭复廊等,以实现

▲ 文庙大成殿

▲ 尊经阁

▲ 民国时期的棂星门

原有文物建筑和古建风貌的保护性提升，以及未来文庙作为儒学文化传承、上海历史人文空间的重要窗口作用。

　　泮池泮桥的复原是方案中的一个亮点。孔庙从春秋战国时期祭祀孔子的场所，逐渐演变为东晋以后庙学合一的学宫，其建筑形制于明清时期实现规范化。半圆形或近似半圆的泮池在明代中期以后已经是地方官学孔庙的规制，也称学海，例如在嘉定孔庙就有泮池。根据1948年行号图显示，上海文庙当时也有泮池，与棂星门、大成门共同组成庙轴，泮池上也有规制的三座石桥。而在1979年的卫星图像中，泮池已被填埋，大成门也不复存在，并且在1997年的大修中也并未恢复，因此现在大多市民对上海文庙并无泮池的印象。而在本次保护修缮工程中，设计方将根据历史照片，结合现有建筑空间条件，复原泮池泮桥，届时游客将能体验到更接近传统规制的文庙建筑体系。

另外值得一提的是魁星阁,这处上海文庙最高的建筑与大成殿是整座建筑群中的精华部分。阁高3层,高约20米,平面呈六角形,飞檐,攒尖顶,斗拱承托檐角,曲线青瓦屋面,屋顶置莲花座葫芦,楼上四周设有环廊,雕花门扇。阁内六根楠木柱,由底层直通阁顶,称为通天柱,过去登临此阁可以俯瞰老城厢全貌。魁星阁或魁星楼是中国古代为儒士学子祈求科举成功所建,供奉古代天文学中二十八宿之一的"奎星"。奎主文章,奎星为文官之首,和文昌神一样掌主文运,深受读书人崇拜,也是一种典型的儒学建筑。上海文庙魁星阁的木结构塔式楼阁建筑样式,结构稳重严谨、造型细腻、工艺精湛,体现了上海古代木结构建筑技术水平。

再次就是从区域振兴的角度,看本次保护修缮项目与周边区域城市更新的关系。老城厢地区是黄浦区城市更新的重点区域,人民路和中华路环路一带则属于老城厢历史文化风貌区,具有上海传统地域文化风貌特征。以文庙为典型代表的文物建筑,为老城厢城市更新提供了规划的亮点和切入口,因此,文庙保护修缮工程项目还是助力"重塑老城厢"、提振区域更新的引擎,将重新焕发区域地标的使命。未来的文庙将是老城厢的文化新高地、上海的城市新名片,并将与周边的豫园、慈修庵等文物建筑联动,形成特色商旅文核心区域,与区域内的居住、办公功能融合,串联起历史街巷,激活历史文化风貌区,成为摩登都市里温情的乡愁所在。

2020年5月,文保所搬出梦花街,文庙保护修缮工程还尚未启动。2021年10月8日,上海文庙正式暂停对外开放。此后至今的3年多来,文庙管理处的同事们坚守在紧邻工地的临时办公室,作为文庙隔壁的短暂邻居,我们也始终关注着这座儒学圣地的改造动态,与上海市民共同期待着2025年底它重装归来的时刻。

一米 | 一丈 | 一带

为居民提供自发营造小空间
渺小之处植入植物科普和文化元素

一丈为3.3m，是人与人交流的距离
充分利用小型活动空间
营造舒适宜人社区交往空间

连点成线，连线成面
街道整体考虑统筹设计
在街道尺度安排好社区植物园分布

▲社区植物园意向

龙门邨的前世今生

赵彦

受有关部门的委托，我们团队系统梳理挖掘了老西门区域历史文化，并在这一过程中取得了一些新的发现，引发了一些思考。

"吾园"，这座清代嘉庆年间藏书家李筠嘉精心构建的别业，最初坐落于上海县城西南的邢氏桃圃，现今则位于繁华的上海老城厢老西门街道龙门邨。尽管龙门邨的历史建筑遗存长期以来备受各界瞩目，但对其历史演进中的文化精髓与内涵传承的梳理与提炼却相对匮乏。历经200余年的风雨沧桑，吾

园虽已难觅其昔日园林的踪迹,但它却为后人留下了一笔极为宝贵的历史文化遗产。特别是在当前上海致力于构建"人民城市"与"公园城市"的背景下,吾园的历史经验为我们提供了关于空间开放共享、文脉传承重视、品质生活追求等方面的深刻启示,引领我们探索出一条上海老城厢文旅商融合发展的新路径。

吾园之主得风流

李筠嘉(1766-1828),清代藏书家,字修林,号筠香,上海松江人。李筠嘉平生酷爱藏书,以明朝朱察卿的"慈云楼"作为藏书之地,藏书量达到了6000余种数万卷,与汪启淑、吴焯、鲍廷博等藏书家齐名。

吾园之集满高朋

李筠嘉博习诗书,常在吾园召集名士,进行吟诗作画的活动。在这些雅集中,李筠嘉汇集了各地名家133人的诗词,刊刻成《春雪集》,成为一时的"风雅主盟"。这些雅集活动不仅促进了文化交流,也推动了海派绘画的发展。方楷在《吾园雅集记》中记载了这些雅集的盛况,描述了李筠嘉如何爱士怜才,吸引了江浙一带的名流群贤。

▲李筠嘉小像

吾园雅集记

宣城方楷式学

时观察李味庄先生爱士怜才著声於江左以故多归之嘉庆八年十月余来沪城盘桓匝月四方因观察至者复不乏人主宾欢曲歌极平生自维扬尖门以来书者亦数辈皆一时知名士沪城能诗词文章精书善未之有也吾友李筠香先生既擅才华尤工吟味不别联去观察署约百步曲径纡徐短篱曲槛而栖翠竹千竿流水杖策而过深入则重轩别室循栏而樨翠竹千竿青蕊十歙奇花异草怪石清泉几令人应接不暇久坐则犬吠斜阳鹤鸣新月又不觉身在仙源壶心顿释方

▲方楷《吾园雅集记》

　　1825年恰逢李筠嘉60岁寿辰，胡维翰为作画像而祝寿。图中李筠嘉一手持竹杖，一手捻胡须，神态儒雅，悠游自得；徐渭仁以隶书"杖乡图"题字，裱边

有郭麐、吴信中、改琦、许乃大、许乃济、许乃钊、屠倬、沈拵彝、毛鼎亨等江南文人题诗祝寿。洪亮吉、龚自珍、钱杜、改琦、郭麐、陈文述等江南名士往来交游沪上，褚华、康恺、曹洪志、乔重禧、李钟元、瞿子冶、徐渭仁等上海本地书画家、收藏家也异常活跃。

吾园之韵传百年

　　据记载，吾园内景色优美，有带锄山馆、红雨楼、潇洒临溪屋、清气轩、绿波池等景点。至道光初年，江苏巡抚陶澍来沪，购买了吾园的一部分，作为扩建黄道婆祠即先棉祠的地址。

　　清同治四年(1865)道台丁日昌倡办龙门书院，随后吾园由上海道台应宝时买下，归龙门书院使用，并在光绪年间被改成龙门师范学堂。辛亥革命后，龙门师范学堂更名为江苏省立第二师范学校。1927年，与位于陆家浜路迎勋路口的江苏省立商业专门学校合并，成为江苏省立上海中学(吾园旧址设初中部）。1932年，上海中学搬迁，吾园遗址变成住宅区即龙门邨。

吾园的百年传承，经历了和谐共生的园囿、文人雅集的园林、修齐治平的书院、敬业乐群的学府、此心安处的居所等不同阶段，但传承在其中的那份精神与情怀却历久弥新。

吾园精神

我们团队研究发现，李筱嘉依托吾园汇聚文人雅士传承着中华文化且又有江南文化的独特风格，主要是：

1.开放共享。根据《天真阁集》"吾园四面无墙垣，槿篱抱水水抱园"等文字记载，吾园虽然是李筱嘉为娱亲及朋友聚会的私家园林，但是并不设围墙。这种"槿篱抱水"的园林营造方式，将园内景观完全开放共享，这也体现了其虽名"吾园"，却有着"大我"众乐的情怀。而且根据文献记载，每至园内桃花盛开，园林会向公众开放，园内"游人如

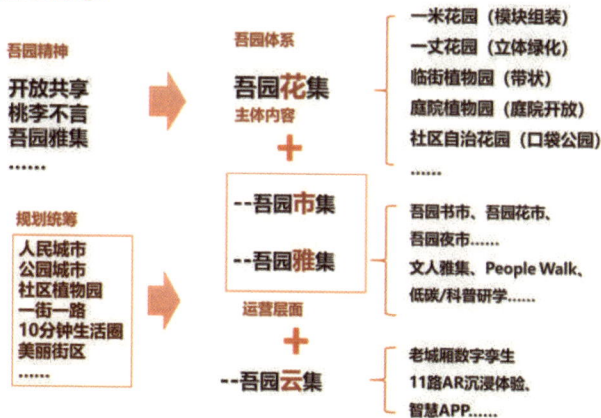

框架体系

吾园精神
开放共享
桃李不言
吾园雅集
……

吾园体系
吾园花集
主体内容

一米花园（模块组装）
一丈花园（立体绿化）
临街植物园（带状）
庭院植物园（庭院开放）
社区自治花园（口袋公园）
……

规划统筹
人民城市
公园城市
社区植物园
一街一路
10分钟生活圈
美丽街区
……

--吾园市集
--吾园雅集

吾园书市、吾园花市、
吾园夜市……
文人雅集、People Walk、
低碳/科普研学……

运营层面

--吾园云集

老城厢数字孪生
11路AR沉浸体验、
智慧APP……

▶吾园计划框架体系

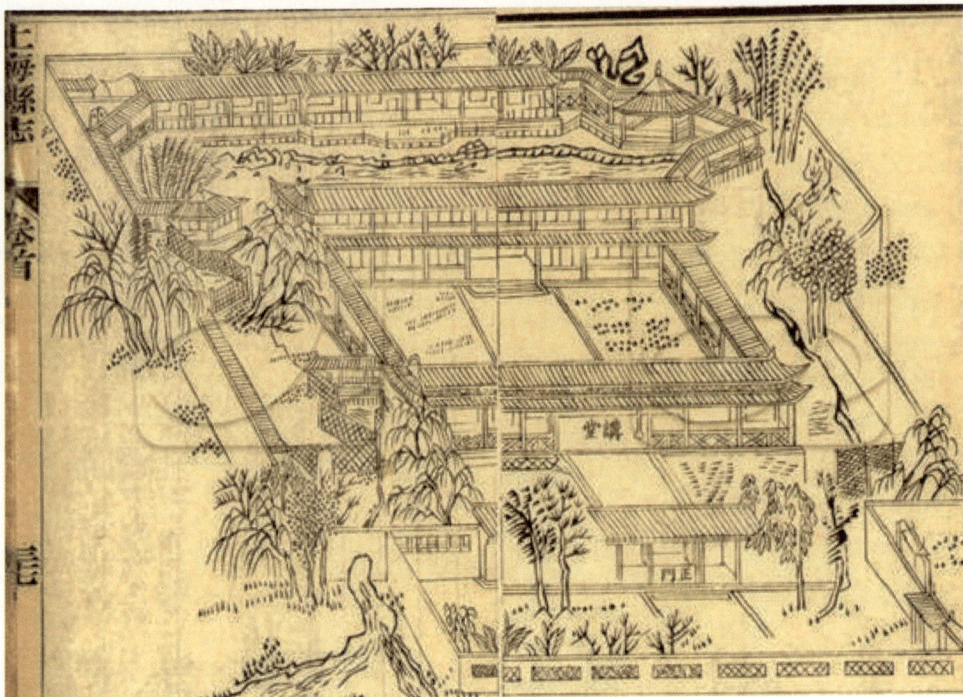

▲《上海县志》中的龙门书院插图

蚁"。由此看来开放共享的园林历史背景和发展既不是单一向度的也不是均质的,而是一个不断演进的过程。可以说吾园精神成为上海创建"公园城市"

实现开放共享的滥觞。

2.桃李不言。昔日吾园的桃花非常出名。李筠嘉号筠香,古代桃李相通,筠竹一体,再加上园中首屈一指的藏书,使吾园造园精心营造的"前桃后竹"成为吾园主人"桃李"文化景观与精神追求的真实写照。

吾园的桃树移植自明代晚期的露香园,到了清代露香园毁坏,吾园与毗邻的黄泥墙桃园成为当时最负盛名的水蜜桃品种。褚华的《水蜜桃谱》成书于清嘉庆十八年(1813),其中记载道:"今桃之最佳者,产黄泥墙、李氏吾园。"到民国时园艺大师黄岳渊从这里引种,形成了奉化的玉露水蜜桃,再后来经过改良形成了南汇水蜜桃与无锡阳山水蜜桃等品种。

从吾园到龙门书院、龙门师范学堂、江苏省立第二师范学校、江苏省立上海中学、上海中学一脉相承,与之相关的名人包括徐光启、董其昌、李筼嘉、陶澍、丁日昌、应宝时等,培养出来的知名学子有黄炎培、叶企孙、邵力子、徐特立、严济慈、郑孝燮等,可以说是名人云集、桃李满天下,这也让吾园的精神传承不断发扬光大。

吾园雅集

吾园雅集,是上海最著名的文化聚会之一。从《天真阁集》可以窥见当时"诗成刻向竹皮上,倒影水中诗荡漾"的雅致生活。雅致生活是一种追求高品质、有内涵的生活方式,它强调生活的美学价值、文化价值和精神层面的满足。时至今日,雅致生活与公园城市的理念不谋而合,都倡导人与自然和谐共处,追求生活的美学和精神的富足。启发我们通过公园城市与雅致生活相互促进,结合"公园+"与"+公园",共同构建一个人与自然和谐共生的生活环境,为居民提供更加优质的生活条件,满足人们对品质生活的追求,从而提升整个城市的生活质量和居民的获得感与幸福感。

吾园计划

在新一轮老城区规划发展过程中,我们建议:传承吾园精神、规划西门地标、服务社区人民。主要规划路径是：

1.从小我到大我，助力公园城市。从"我的园"，到"我们的园"，从小园林到大公园，我们可以通过老西门街道为示范，助力公园城市创建。促进生态环境的融合：公园城市强调城市与自然的融合，通过增加城市的绿地和公园，为居民提供更多的绿色生态开放空间。引导美学价值的追求：公园城市通过精心设计的公共空间和景观，提升了城市的美学价值，传承地域文化特质。丰富文化生活的内容：绿色开放空间中可以举办各种文化活动，如艺术展览、音乐会、戏剧表演，以及各类众创、共治主题社区活动，丰富居民的文化生活，提升城市文化品位。提升社会交往的温度：公园城市作为公共空间，促进了居民之间的

▲李筠嘉书法作品

社会交往，增强了社区的凝聚力。从而更好地守正创新，将吾园精神融入到公园城市的创建中，为人与自然和谐共生的中国式现代化黄浦区样板贡献智慧。

2.从庭院到社区，创建社区植物园。进一步传承吾园精神，利用老西门街道的老城厢片区，结合弄堂与庭院肌理，可以打造具有社区文化底蕴的社区植物园。社区植物园的概念是以维护和提升居民身边的生物多样性为目标，结合地域植物文化特色，将优良品种（例如老西门街道依托"桃李"文化选择多年生蔷薇科植物）、前沿知识、实用技术注入街区，促进人与自然和谐共生。这些植物园与普通的口袋公园、社区花园相比，更注重植物的"润物细无声"，为居民提供了一种生命的陪伴和感悟空间。具体可以包括"一米植物

园""一丈植物园""一带植物园"等。

3.社区植物园意向。

同时绿化管理部门与植物园、科研院所、企事业单位或NGO组织多方联动,推进更高品质、更融合、更活力的社区植物园建设。计划以多样性、多彩化的"植物丝带"勾画街区环境与公园等自然环境一以贯之的相通体系,打造低碳、可持续的,具有老城厢植物文化特色的"生物多样性"自生环境。

4.从现实到云端,打造吾园"四集"。

依托吾园精神,同时结合新质生产力,进一步打造吾园花集、吾园市集、吾园雅集,以及线上的吾园云集,形成多维度、立体化的"吾园计划"框架体系。

以各类型绿色开放空间中的"社区植物园"为载体,多部门联动,充分调动社区与学校的积极性,从科普研学、生物多样性等角度切入,举办丰富多彩的文化活动。同时举办各类市集、雅集,激活老西门街道的文化空间,文脉传承

与商业业态相结合,依托方兴未艾的City Walk与文旅融合发展,同时通过微型博物馆及线上老城厢数字孪生等技术,实现线上线下的交互体验。利用11路公交车环线及始发/终点站点,打造AR沉浸式体验空间,成为老西门街道的新亮点。

综上所述,"吾园计划"不仅是对历史文化遗产的致敬与传承,更是对未来城市发展的积极探索与创新。通过深入挖掘吾园及龙门书院、龙门邨的历史文化内涵,结合现代城市规划理念与科技发展,我们致力于打造一个集文化传承、生态共享、社区活化、智慧创新于一体的新型城市空间。这不仅将丰富上海老城厢的文化底蕴,提升居民的生活品质,也将为上海乃至全国的城市更新与文化传承提供宝贵的经验与示范。让我们携手并进,共同书写"吾园"新时代的辉煌篇章,让这份历史的精神与情怀在现代社会中焕发出更加璀璨的光芒。

老城厢的"三教五场所"

张晓杰

豫园老城厢地区历史文化风貌区留存有上海700多年城市发展的历史痕迹,上海传统地域文化色彩十分浓厚。豫园老城厢里的古建筑类型众多,其中不乏中国传统特色的宗教建筑。历史上,豫园老城厢地区先后存在过上百家宗教场所,具有相当丰厚的宗教资源禀赋。现在,豫园老城厢地区存有3个教别、5个宗教场所,都为全国、市级或区级文物保护单位,具有"教派多、数量多、级别高"的特点。

(一)沉香阁

沉香阁始建于明万历二十八年（1600）,又名慈云禅院,因奉有珍贵的沉香木雕观音像而闻名海内外。明朝豫园主人潘允端在奉命疏浚淮河时,意外打捞出一尊沉香观音像,相传其是隋代物品,系马来半岛赤土国王赠送隋炀帝的礼物,运输经淮河时因风浪沉入河底。潘允端将沉香观音供奉在佛阁中,佛阁后扩建为现沉香阁寺院。

1983年4月,国务院宣布将沉香阁列为全国142个重点寺院之一。1985年起,沉香阁改为上海最大的比丘尼丛林,今沉香阁内设上海佛学院尼众班。1989年9月,沉香阁重新全面修复,重现了明

▲沉香阁大门

清时代寺院建筑风格。1996年12月,沉香阁被列为全国重点文物保护单位。

沉香阁内后天井有一个重檐悬空亭阁,这就是全国闻名的"沉香阁"的"阁"。已故中国佛教协会会长赵朴初居士为之题额为"南海飞渡沉香大士宝阁",阁内即供奉沉香自在观音圣像。

赵朴初居士曾三次莅临沉香阁,并为寺题匾多幅,其中一幅题有"静净古雅"四个字以赞誉沉香阁。沉香阁内还藏有北魏帝王礼佛图,大雄宝殿内供奉有北宋药师如来与明代伽蓝菩萨,大殿东南侧及西边走廊挂有明代九座古钟,以表九九归一。

▶慈修庵大门

（二）慈修庵

慈修庵创建于清同治八年（1869），原为上海黄氏家族家庵，因黄氏在其他地方另有家庵，故俗称"新庵"。清同治年间，为迎尼胜愿入庵为住持，改名为慈修庵。20世纪40年代后期，慈修庵曾先后礼请当代高僧兴慈法师讲《金刚经》，应慈法师讲《华严经》，灵源法师讲《梵网经》，守培法师讲《楞严经》，念佛及讲经活动十分兴盛。1994年2月，慈修庵被评为上海市第二批优秀历史建筑。2000年5月，慈修庵被评为区级文物保护单位。

慈修庵是上海老城厢内唯一的一处天井式的佛教寺院，其形制和建筑充分显示了上海民间佛寺的特点与特色，沪上一众寺院中罕见。如今，慈修庵所在的地区，正处于旧区改造，周边居民

均已动迁,建筑也已经基本拆除的境地。慈修庵作为上海市优秀历史建筑和黄浦区文物保护单位,相信能得到妥善的保护和修缮。

(三)上海城隍庙

上海城隍庙始建于明代永乐年间,至今已有600余年历史,坐落于著名的豫园商城内,与毗邻的豫园花园和商圈相得益彰,集宗教、文化、商业、旅游、休闲为一体,是上海最热闹的旅游休闲地之一。

上海城隍庙有着全国少见的"一庙三城隍"的历史。三位"城隍"分别是汉朝大将军霍光、元朝进士秦裕伯和鸦片战争时的抗英名将陈化成。上海城隍庙改建自金山神庙,原系三国吴主孙皓(孙权之孙)所建,供奉金山神主博陆侯霍光,祈求大将军捍海、保平安。改建后的上海城隍庙,前殿依旧供奉霍光,霍光也因此成为上海城隍庙资格最老

▶城隍庙大门

101

的"城隍"。

第二位"城隍"秦裕伯是上海县人士，亦是北宋著名词人、龙图阁学士秦观(秦少游)八世孙，元朝至正年间考取进士，元末弃官归隐。秦裕伯曾三次坚辞朱元璋的《聘裕伯公御书》，后无奈应命出山，75岁时贬官外放西北陇州知州，以病辞官不就。秦裕伯去世后，朱元璋以"生不为我臣，死当卫我土"之名，亲自敕封他为"显佑伯"，追认其为"上海邑城隍正堂"。清同治十一年，秦裕伯又被钦封为"护海公"。

第三位"城隍"陈化成是中国历史上最后一位"城隍"。鸦片战争时期，时任江南提督的67岁老将陈化成为保卫吴淞，与英国侵略军力战，毅然坚守并亲自登台开炮，最后身上7处受伤，英勇牺牲殉国。上海人民为了纪念他，在老城厢的县衙旁建立了陈公祠，陈公祠在抗日战争中被日军所毁，民众便把遗弃街头的陈化成将军塑像抬入城隍庙内，

供奉在大殿后进。尽管陈化成没有皇帝册封，但是上海百姓都爱把他称为上海城隍神。1992年6月16日，陈化成殉国150周年纪念日时，位于宝山区友谊路临江公园内的陈化成纪念馆落成，陈化成将军神像被移奉过去。自此，城隍庙内形成了"前殿供霍，后殿供秦"的独特供奉格局。

(四)上海白云观

上海白云观始建于1863年，原名雷祖殿。清光绪十四年(1888)以"北京白云观下院"的名义请得《道藏》8000余卷，为不忘继宗之意，将雷祖殿改名为"海上白云观"，成为全真派十方丛林(现为正一派)。镇观之宝明版《道藏》经已移至上海图书馆珍藏。1985年4月上海市道教协会正式成立后，会址曾设在白云观内。1986年3月创办的上海道学班(1993年7月改称"上海道学院")，也曾设在白云观内。2000年5月22日，白云观被列为区级文物保护单位。新世

▲ 白云观大门

纪伊始,为配合老城厢地区旧区改造,2004年,白云观从西林后路迁至大境路现址重建。

白云观共藏有9尊明清古铜像,居全国各地道观之首,其中8尊有真人大小,十分珍贵。为什么建于清朝的白云观,会有明代铸造的铜像呢?这里面有一段曲折的故事。1894年,上海海关截获了企图走私出国的7尊明代鎏金铜像,2尊为天帅(也称真人),5尊为天君(也称天尊、天将),据传来自南京朝天宫,因为是道教神像,故移送白云观供奉。白云观还另获明清铜像2尊,1尊是真武大帝,1尊是清嘉庆年间的玉皇大帝。玉皇大帝像高180厘米,重达1.8吨。

▲福佑路清真寺大门

▲福佑路清真寺大殿

(五)福佑路清真寺

福佑路清真寺建造于清同治九年（1870），原名穿心街礼拜堂，俗称清真北寺，是区文物保护单位。清光绪二十五年(1900)和三十一年(1906)复由上海穆斯林哈少夫、金子云、蒋星阶等两次集资购地，进行扩建整饰。1936年前临街平房改建为三层钢骨水泥结构楼房1

幢，楼顶平台建有望月楼亭。

清真寺大门北向，为拱形花格铁门，门额嵌"清真寺"3个金字，内照壁书有阿拉伯文"色兰"字样。穿过内门为东西长方形庭院，南侧是三进礼拜大殿，大殿极具中国传统建筑特色，属中国宫殿式砖木结构厅堂建筑，面积约450平方米。殿顶明三暗五，梁椽交错，绘有各种花纹图案和镂空花雕,殿周围为花格栏栅玻璃格子窗,雕花落地格子门。正面是绿色瓷砖窑门,上有经文和木雕"清真言"直匾两块。二殿、三殿梁柱悬有经文横幅,两边挂红木宫灯,殿内置有中堂经文条幅,以及经文香炉、香案、花瓶等陈设。

福佑路清真寺是近代上海伊斯兰教史上由穆斯林创建的第二座清真寺,曾为上海穆斯林政治、宗教和文化活动中心,1905年上海穿心街清真务本堂,1909年上海清真董事会均成立于此,1911年4月成立的上海清真商团营部亦设在该寺内。中国伊斯兰教四大圣师之一、著名学者、教育家、大阿訇达浦生曾任该寺教长,在此主持教务达10年之久。

豫园老城厢地区的"三教五场所"及其承载的历史文化,不仅承载着人们过去的生活记忆,也印刻着豫园老城厢发展的脉络印记,蕴藏着丰富的物质和精神双重价值,是豫园老城厢文化遗产的重要组成部分。未来,这些宗教场所将始终延续老城厢的历史文脉,在繁华都市的安静一隅,默默守护老城厢的文化底蕴。

话说豫园灯会

余吉

2000多年前，汉高祖刘邦之侄刘濞，将扬州古文化中的元宵灯俗带入上海，并仿照宫廷形式举行灯会。自此，元宵灯俗便在上海地区兴起。到明清时期，上海的元宵灯会已非常成熟，但最繁华、最热闹的地方非城隍庙、豫园等上海核心区域莫属。

百年历史变迁,时间来到1995年,"豫园新春民俗艺术灯会"重装升级、焕新登场、规模盛大,成为一年一度的固定节日活动。由此开始,春节期间,到豫园、城隍庙观花灯、闹元宵,成为上海市民的新年俗,豫园也成为全国、全世界游客体验中国文化、中国年味的必到之处。

在将近30年的"豫园新春民俗灯会"历史中,生肖一直是永恒不变的主题。同时,随着时代发展、科技进步,灯彩的造型、创意的花样繁出,引领时代潮流、切合时代主题。比如2010年上海世界博览会的举办,"世博"文化氛围浓郁,九曲桥区域被打造成世博场景,各种姿态的海宝挥手迎客,欢乐喜庆。生肖虎的主灯组则运用环保概念,用易拉罐拼接成"虎虎生威"生肖灯组。同年,豫园灯会走出中国、走向世界,受邀参加"2010年首尔国际灯节"。

2011年5月23日,豫园灯会被列入第三批国家级非物质文化遗产名录。经过不懈努力,从策划到制作,利用老城厢历史空间、建筑景观及深厚的文化底蕴,豫园灯会被打造成沪上新春期间知名度最高、影响力最大的一项传统民俗文化活动,也是目前长三角地区参与人数最多、规模最大、规格最高、保存形式最完整的元宵灯会。

在文化自信、民族复兴的大背景下,豫园灯会不断以优秀传统文化的创造性转化和创新性发展作为升级的方

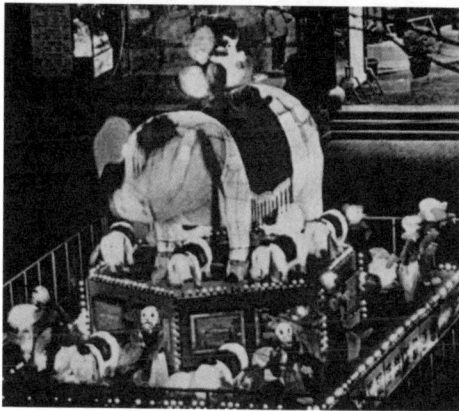

▲1995年豫园灯会

◀2010年豫园灯会

针基调,突出文化主题,强化沉浸体验,设计IP形象,打造交流平台。

　　2023年和2024年两届豫园灯会创新升级,秉承上海老城厢文化和历史脉络,以奇幻瑰丽的《山海经》为创意蓝本,突出"山海奇豫记"主题,借助中国上古奇书的神幻想象和中国优秀传统文化的深厚力量,融非遗艺术灯彩、沉浸式国风体验、线上线下趣味互动于一体,成功呈现出一个个沉浸东方生活美学理念的灯火场景,聚焦文化主题,强化沉浸体验,设计IP形象,打造交流平台,刷新了市民游客对于非遗灯彩艺术的认识和体验。

2023年兔年元宵节前，51个国家80多位驻沪领事、参赞齐聚豫园赏灯，亲身体验了中国优秀传统文化盛宴；2024龙年灯会举办时，又有30多家我国驻外使领馆账号，在海外社媒平台上推荐美妙瑰丽的"山海奇豫记"。通过越来越多国际友人的口口相传，豫园灯会也成功在海外"破圈"，拥有了众多海外"粉丝"。

2024年是中法两国建交60周年暨中法文化旅游年，为积极响应中法两国元首会晤达成的共识，豫园灯会首次走出国门、跨越山海，从有着400多年历史

▲2024年在法国举办的双龙戏珠龙门铁塔

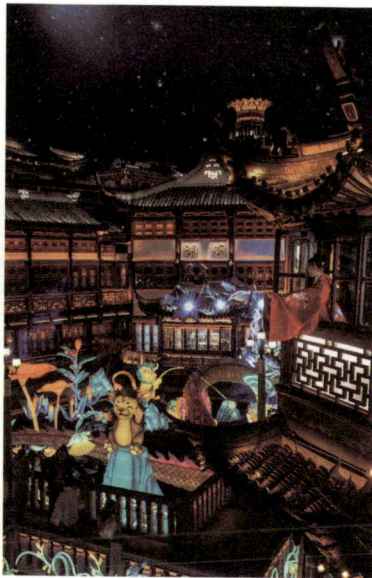

▲2023豫园灯会

的玲珑豫园,到始建于1860年的巴黎风情园,以传统文化的创新表达,去展现上海和巴黎两座城市在"浪漫与时尚"气质上的共鸣和中西文化的交融,去打造多元文化和谐共生、传统文化与时尚美学的现代融合,共筑全球瞩目的"中法梦"。60架大型灯组、2000余盏华灯、生肖龙和《山海经》中奇珍瑞兽、现代新媒体灯光技术、原汁原味的"中国味道",共同构筑成一个"中西融合、东情西韵"的如梦如幻之境,以花灯见证中法友谊!

虚实相交、光影交织的景致,以及包括中国武术、民族舞、传统杂技、川剧变脸等精心挑选的中国传统节目,受到当地游客的热烈欢迎,游客常早早赶来,在开园前排起延绵两个街区的长队。72天的山海之旅,吸引了近20万当地游客前来参观,连续几日出现日均超4000人的超大流量,达到了"叫好又叫座"境地。

29年以来,豫园灯会以文化为载体,以中国灯彩为媒介,向全球观众讲述了真实生动的中国故事、中国文化,成为非遗文化海外出圈,向世界讲好中国故事的生动样板,成为代表"上海文化"出新出彩的经典案例,充分展现了东方美学文化、上海国际文化大都市风貌和中华传统文化的民族自信。

未来,豫园灯会将继续坚持守正创新,坚持文化出海,讲好豫园故事、上海故事、中国故事,用非遗艺术温暖城市,让更多人感受生活的幸福与美好,将东方生活美学的瑰丽神奇分享至全球。

上海城隍庙的传奇变迁 与多城隍之谜

苏秉公

在繁华的上海都市中,城隍庙宛如一颗承载着历史记忆的明珠,闪耀着独特的光芒。它不仅有着深厚的文化底蕴,其背后的故事也充满了传奇色彩。

中国城隍文化最早可追溯至周朝,那时的城隍是守护城池的自然神。随着时间的推移,城隍逐渐被人格化,成为了由那些对城市有重大贡献的英雄人物或清官廉吏死后担任的神。人们相信城隍能够与阳间地方官一起,共同护佑城池安宁、风调雨顺、百姓安康。在古代,每逢重大节日或特殊事件,百姓们都会前往城隍庙祭祀,祈求城隍爷

▲上海城隍庙

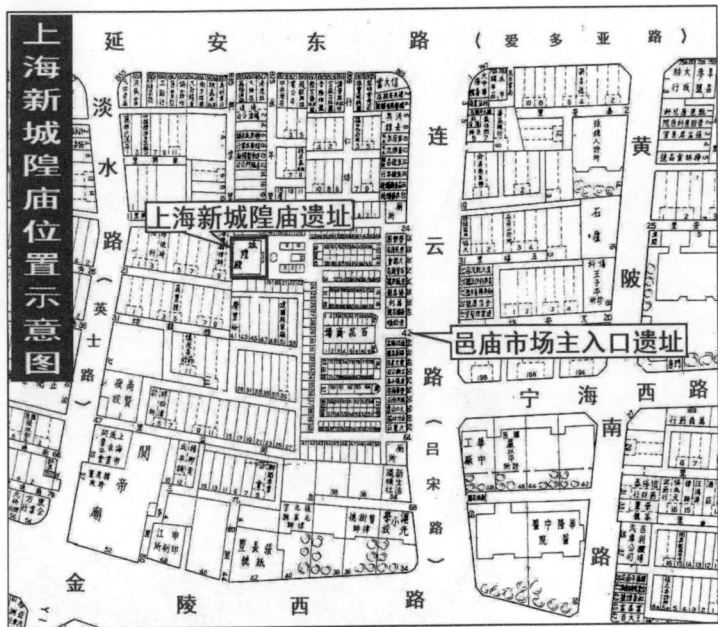

▲新城隍庙位置示意图(此处现已成延中绿地的一部分)

着这片土地。后来到了明朝嘉靖年间,上海开始修筑城墙,出于城市发展和规划的需要,将城内供奉金山神主霍光的金山神祠改建为上海城隍庙,迁到了现在的方浜路,淡井庙便成为"老城隍庙"了。这一搬迁使得城隍庙的位置更加重要,周边也逐渐热闹起来,人们为了祈求城隍老爷保佑一方平安,纷纷前来烧香磕头,香火日益旺盛,渐渐地在城隍庙的周围形成了庙会集市。然而,1937年"八一三"淞沪抗战爆发,南市被日军控制。一些社会人士便集资于今连云路近延安东路的一片空地上另建一座城隍庙,方便租界内的

的庇佑。

　　上海城隍庙的庙址有着三次意义重大的搬迁历程。最初,在元朝时,上海正式建县,庙址位于如今的永嘉路上,当时叫作淡井庙。那时的城隍庙就像是一颗刚刚萌芽的种子,静静地守护

▲历史上的城隍庙大殿影像

▲民国时期城隍出巡场景

▲新城隍庙的香客

▲20世纪40年代的邑庙市场

▲新城隍庙大殿

113

▲淡井庙（上海老城隍庙）

▲上海瑞金宾馆内淡井庙遗迹

信众去烧香拜神，还挂出"邑庙市场"匾额，香客、小贩、游人摩肩接踵、川流不息。抗战胜利后，南市城隍庙再度兴旺，而这里的香火却渐趋冷落，但是上海市民依然把这一地区统称为"新城隍庙"。

说完庙址的搬迁，再来谈谈为什么上海城隍庙会有三个城隍。这背后的故事可是充满了历史的韵味。

第一位城隍是汉代的霍光。相传三国时吴国的末代皇帝孙皓有一次病重，在梦中见到了霍光，醒来后病竟然就好了，于是他封霍光为金山神，并在现在上海城隍庙的位置为他修建了神祠。由于后来的上海城隍庙由金山神祠改建而来，霍光便成为了这里当然的

◀霍光

资格最老的城隍爷，一直端坐在前殿大殿内，接受着人们的供奉与朝拜。这也体现了城隍文化中对有护佑之力的人物的尊崇。

　　第二位城隍是秦裕伯。元末明初的秦裕伯，是一位政治家、文学家、书法家。明洪武三年，朱元璋大封功臣，还敕封各地城隍神。秦裕伯生前虽由朱元璋三次征召而不受，但朱元璋仍以"生不为我臣，死当卫我土"之名，敕封他为"显佑伯"，追认其为"上海邑城隍正堂"。从此，秦裕伯的神像也被供奉在了上海城隍庙中，与霍光一起守护着上海这座城市，他是一位正式由皇帝任命的城隍。

　　第三位城隍是陈化成。清道光年间，为了抵御英军，陈化成率军英勇战斗，最终壮烈牺牲。上海人民为了纪念他，在老城厢的县衙旁建立了陈公祠。1937年抗日战争全面爆发，陈公祠被毁，难民们将陈化成的神像请到了城隍庙来供奉，虽然没有经过正式的册封，但在百姓的心中，他就是守护上海的城隍之一。尽管如今在城隍庙中已经看

▶秦裕伯

◀陈化成

上海城隍庙·岁月传奇

海战胜利后城隍庙迁回方浜中路原址

《上海城隍庙：岁月传奇》

沪上城隍岁月长，护民佑众保安康。
繁华都市留幽静，故土一方载浩茫。
庙址三迁故事藏，永嘉淡井初萌芳。
筑城迁入老城厢，庙会集市渐繁昌。
淞沪战时新庙现，连云之处亦留香。
庙中三位城隍主，霍光首座梦源扬。
裕伯帝封堪大将，同护申城绽荣光。
化成英魄豪情荡，百姓崇祠入殿堂。
一庙三神铭史迹，深涵魅力韵悠长。
汲取智慧启新旅，庙宇新姿映暖阳。

AI 根据上文生成的一首诗

不到陈化成的塑像,但他是被百姓公认的"民选城隍",一庙三城隍的说法被永远地流传了下来,成为了上海城隍庙独特的文化符号。

这三位城隍,从不同的时代走来,他们的故事交织在一起,共同见证了上海的历史变迁与发展。他们的存在,不仅是上海历史的见证者,更是城隍文化在上海的生动体现。城隍文化作为中国传统文化的一部分,承载着人们对美好生活的向往和对英雄人物的敬仰。在上海城隍庙中,我们可以感受到这种文化的深厚底蕴和独特魅力,也能从中汲取历史的智慧和力量,为我们的未来发展提供启示。

以下是AI根据上文生成的一首诗:

《上海城隍庙:岁月传奇》

沪上城隍岁月长,护民佑众保安康。
繁华都市留幽静,故土一方载浩茫。
庙址三迁故事藏,永嘉淡井初萌芳。
筑城迁入老城厢,庙会集市渐繁昌。
淞沪战时新城现,连云之处亦留香。
庙中三位城隍主,霍光首座梦源扬。
裕伯帝封堪大将,同护申城绽荣光。
化成英魄豪情荡,百姓崇祠入殿堂。
一庙三神铭史迹,深涵魅力韵悠长。
汲取智慧启新旅,庙宇新姿映暖阳。

(此文根据有关历史资料整理)

老城厢四大书院的 City Walk

周力

▲敬业中学校门门楣

▲敬业书院旧址一

▼敬业书院旧址二

▼由校友乔石题词的校训"敬业乐群"

上海老城厢自古人文荟萃,中华路文庙路口有座牌坊,背面四个大字:文昌物华,可算是对老上海县文教发展的高度概括。上海开埠以后,西学东渐。上海的文化人最先接触近代城市文明,在城内开办了多家书院。尤其清咸丰年间上海文庙搬到老西门之后,以文庙为中心,敬业、蕊珠、龙门、梅溪四大书院齐集,虽经百年风雨,四大书院中有三所的文脉保留至今,难能可贵。

四大书院中历史最悠久的要数今敬业中学的前身敬业书院,历史可以追溯到清乾隆十三年(1748),清政府将位于今豫园附近梧桐路的老天主堂改建为申江书院。

现在蓬莱路的敬业中学内,"敬业楼"和"乐群楼"的门楣上分别用小篆和阿拉伯数字标注"乾隆十三年"和"1748",就是为了追溯这段校史。1770年申江书院更名敬业书院,后又用过敬业学堂、上海县官立敬业高等小学堂、上海特别市市立敬业中学,抗战期间学校改组为私立南方中学,抗战胜利后恢复敬业中学名字至今。

"敬业"二字,250多年薪火相传,用教育家杭苇先生的话说:"我们可以从该校校史沿革中,完整地了

▲晚清名臣林则徐在敬业书院办公时题写的
"海滨邹鲁"

▲2020年拍摄的敬业书院发源地梧桐路137号

解到我国学制的演变。"敬业中学的历史，就是一部浓缩的上海近现代教育史。

由敬业书院到敬业中学，校址历经多次搬迁。如今，敬业书院起源地梧桐路老天主堂的建筑仍在，但已列入征收范围，不能入内。清代学校曾在旧学宫基（今聚奎路一带）办学，抗战期间也搬到过租界内的斜桥弄（今静安区吴江路），这些地点均已发生了沧海桑田的变化，难以再寻找当年办学的踪迹。但在文庙对面、正门开在蓬莱路的敬业中学，由校友乔石同志题写的校名及"敬业乐群"的校训依然是闪闪发光的金字招牌。

由蓬莱路向东过河南南路有一条梅溪弄，上海第一所由中国人创办的近代小学——梅溪小学，其前身梅溪书院就坐落于此。中国近代教育史上，梅溪小学有着特殊的地位，南洋公学创始人之一的朱树人在《梅溪学堂记》中这样写道："中国无小学校久矣……惟吾师张先生之创梅溪学堂……中国四千年来最先

▲位于河南南路梅溪弄口的蓬莱路幼儿园，是梅溪书院的旧址

▲梅溪小学的"百年校训墙"

▼一个篆体字的"溪"尽显梅溪小学的历史悠久

改良小学校也。"

朱树人提到的"吾师张先生"即出生于梅溪弄的张焕纶。清光绪四年（1878），他和一班龙门书院的同学一起，仿照西式学校建立了正蒙学院，后因"正蒙"二字仍有私塾的感觉，遂以"梅溪"命名。

梅溪书院及后来的梅溪小学，开创了教育史上的诸多"第一"：最先在课堂上废除经史之学、最先推行军事训练、最先组建童子军、最先吸收女学生并开创男女同校、最先实行勤工俭学……

如今位于河南南路梅溪弄口的梅溪书院旧址是蓬莱路幼儿园。

梅溪小学20世纪40年代用过"上海市第四区中心国民学校"之名,1950年更名蓬莱路第一小学,1986年恢复梅溪小学旧名,2000年和永宁街小学合并,搬迁到永宁街20号。

由永宁街穿过学前街南行到尚文路西行,很快就会看到一幢中西合璧的高大过街楼,这就是老南市赫赫有名的弄堂龙门邨。说起龙门邨,真是"提起此马来头大",此地是著名的上海中学的前身龙门书院所在地,而这条弄堂的历史,更可以推到当年上海城内著名的"吾园"。

龙门邨以北有条几十米长的小街——吾园街。顾名思义,此地便是清嘉庆年间藏书家李筠嘉的别业"吾园"所在地了。走在今日的吾园街,很难想象此地曾有清池曲径、名花异草和"带锄山馆""红雨楼""上鹤巢"等亭台楼阁,曾是上海书画界的重要活动场所。

1867年,寓意"鱼跃龙门"的龙门书院正式成立,两年后,在吾园旧址建造讲堂、楼廊、学舍。1905年科举废除,龙门书院更名苏松太道立龙门师范学校,1912年改名江苏省立第二师范学校。1927年与江苏省立商业学校合并成为江苏省立上海中学,1933年上海中学在吴家巷的新校舍落成。而龙门书院旧址于1935年建成民居,仍用"龙门"的名字。在高高的过街楼上,有三个正楷大字:"龙门邨",上款是"乙亥秋日",即1935年。落款"皖南朱曙"。

龙门邨被称为"上海最长的弄堂",因建造年代不同,76幢房屋建筑风格各异,西班牙式、苏格兰式、巴洛克式和中西结合特色石库门民居等式样都能在这里找到,因此也有了"弄堂建筑博物馆"的别称。

▲中西合璧式的龙门邨过街楼

与龙门邨隔开河南南路相望，就是四大书院中唯一已经完全消失的蕊珠书院旧址。蕊珠书院在清代也是著名学校，因地处蕊珠宫而得名。于清道光八年（1828）成立。当年的蕊珠宫位于也是园内，有魁星阁、太乙莲舟、方壶一角等风景。咸丰十年（1861），因战争原因，园为外国侵略者所占驻扎，园林毁损大半。光绪三十年（1905）科举废止后曾改办师范，到民国初年彻底停办。

20世纪50年代，陈从周先生在也是园废墟中找到的"积玉峰"，现放置于豫园。

如今，以也是园命名的也是园弄尚存，和原南市大

▲"也是园"的门头

▶在"也是园"门前的不知来历的旧物石狮子

多数弄堂差不多，原先房子挤房子，住家压住家，所谓"清澈湖心听细细，凭窗凉待夜珠来"的蕊珠宫，只能存在于想象之中。现在整个地块面临征收，蕊珠宫已无从寻觅，连后来以"也是园"名字新建的院子，也成了征收基地。只有门前的一对石狮子，虽不知其来历，却是旧物，似乎在诉说着这里曾经的故事。

根深叶茂 老凤祥

王伟民

今年春节前夕,我来到久违的老凤祥银楼旗舰店(福佑路329号),想给小孙女选购一款蛇年手链作为生日礼物,顺便也探访一下去年重新装修开业的旗舰店有何惊喜以及别样的风彩。

那天,豫园地区张灯结彩、游客如织,年味已渐浓,与往年有所不同的是地处福佑路丽水路口的老凤祥银楼旗舰店,楼外立面经过一番精心打扮后格外耀眼,门楼上"老凤祥"三个镏金大字,在阳光照射下熠熠生辉;门两侧蹲着一对威武霸气的狮子,仿佛在护佑天下苍生、招财纳福。我推门而入,环顾四周,感觉豁然开朗,原先营业大厅低矮的压抑感荡然无存,近200平方米的挑空层比原先提升了10米左右;在挑空层顶端右边还安装了数百枚三角型的金属片,在电脑的控制下纷纷舞动了起来,摆出"凤凰""520"(谐音我爱你)和"心"的各种造型;挑空层左侧还安装了LED彩色大屏,滚动播放"凤舞九天"的炫丽图像,给人

125

▲老凤祥银楼与黄浦民政局合作，在旗舰二楼设有"结婚登记颁证处"

强烈的视觉冲击力。我还在驻足观望，营业员主动上前和我打招呼，并当起了导购员。我一面选购商品，一面借机向她询问销售情况。她告诉我："装修后开张的三个月来，进店购买黄金珠宝手饰的顾客比原先多了不少，他们对购物环境、商品品质和店员的服务都比较满意，这几天，前来购买蛇年生肖的手链、手镯和挂件的消费者特别多。"言语间透露着自豪与兴奋。我随口说："生意好，你们的收入也高了啊。""那当然啊！领导还会给我们发红包呢！"她灿烂地笑了。

我买好生日礼物上二楼时，恰巧遇见正在巡视柜面的蒋经理。他40岁开外，是把经营好手，到旗舰店任职才几年，但对店里的情况了然于胸。我曾在老凤祥工作过，与他有过接触，因而不客套地请他引导我参观。蒋经理陪我上了二楼，站在挑空层处介绍："这次本店装修的最大亮点，就是拆除了二楼部分楼板，改为挑空层，虽然营业面积减

老鳳祥
SINCE1848

鳳祥喜事

有喜事　就有老鳳祥

凤冠

▲银楼一隅

少一些,但营业环境有了明显改善,通透感强了,顾客前来购物的心情好了,消费欲望也增强了。"我赞同:"这就是舍与得的道理。"

"外行看热闹,内行看门道",硬件改善固然重要,但关键还要看经营理念和思路,看管理细节。蒋经理似乎摸透了我的心思,转过话题说:"这几年,一方面市场竞争日趋激烈,国际金价连年上涨,另一方面顾客的消费需求却出现下降的态势,形势逼迫我们要求新、求变,不断适应新的市场环境。"他娓娓道来:"近年来,我们在主题式、体验式消费上下足了功夫,如推出国风、国韵、国潮等销售活动,将传统文化元素与现代时尚潮流融为一体,从产品设计、加工工艺、营销模式上更贴近市场需求;同时,公司还精心打造'藏宝金'和'凤样喜事'这两个品牌,注重品相、品质和品位,努力彰显百年工匠精神和工匠技

争艳

第四届工美博览会金奖

国家级非物质文化遗产——金银细工制作技艺

▲ 装饰考究的休闲、洽谈区域

▲ 用天然水晶颗粒制成的"沙漏"

▲ 由老凤祥工艺大师精心设计打造的金银细工作品——"凤舞九天"

艺,同时把营销的关注点逐渐转向中青年消费群体上来,新装修后的旗舰店在商品布局上作了调整。一楼设有藏宝金和精品专柜共15大品类;二楼设有凤祥喜事品牌专柜,以满足不同消费者的需求。"他指着另一处说道:"去年,我们还与区民政局合作开设了上海市黄浦区婚姻登记中心凤祥喜事结婚登记、颁证点,这种跨界合作模式,在上海乃至全国尚属首次,前来预约登记的新人络绎不绝,新人们领证合影后,还可到凤祥喜事品牌专柜选购心仪的黄金珠宝饰品,共同见证甜蜜时光。"

我们又拾级走到三楼,这里集中设

立了各类服务,如黄金珠宝检测、黄金饰品回购和加工、黄金珠宝饰品私人定制、老凤祥全国客服中心、上海市黄金饰品行业协会消费维权联络点等,充分体现了"诚信是金"的经营理念。蒋经理的介绍和我的观察,感觉既新鲜又欣喜,不禁暗暗称道,旗舰店的名号实至名归。

走出店来,思绪良多。回望历史,1848年(清道光二十八年),一位宁波商人在上海县城(现称老城厢)大东门内(今方浜中路)创办了"凤祥银楼",与当时杨庆和、庆云、景福、裘天宝、宝成、费文元、方九霞和庆福星等称为"九大银楼",银楼业一度在上海滩兴盛起来。但随着时代的变迁,尤其到了20世纪初,由于战乱、社会动荡、经济衰退、经营不善等原因,其他银楼相继退出或倒闭,唯有老凤祥历经风雨坎坷,商海沉浮,不仅屹立不倒,而且还开枝散叶、生机盎然,可谓一将功成万骨枯。

1908年,凤祥银楼因店址狭小不敷

使用,便从方浜中路搬迁至南京东路432号至今。经过岁月洗礼的老凤祥,走过了初创、重建、发展、转型和繁荣等时期。它曾在老城厢方浜中路上创业起步,2012年又回归老城厢,在被誉为"黄金珠宝第一城"的豫园地区做得风生水起,成绩斐然,创下了业内单店规模最大、年销售额最高、商品品类最多、售后服务最全的新纪录。

人们也许会问,老凤祥长盛不衰的奥妙在哪里?前不久,我有幸得到《老凤祥·品牌发展史》一书,认真阅读,细细品味,

▲以"凤祥喜事"为主题的黄金饰品

老鳳祥 SINCE1848

鳳祥喜事

有喜事 就有老鳳祥

创始于 1848 年的老凤祥，旗下拥有多家专业珠宝生产基地及研究所。集研发、设计、生产与销售于一体，涵盖黄金、铂金、钻石、白玉、翡翠、珍珠、有色宝石、白银、琥珀、珐琅、珊瑚、珠宝眼镜、钟表、工艺旅游纪念品等多元化的产品线。

老凤祥荣获了众多国家级品牌荣誉，还多次入围由国际权威机构评选的各项榜单："全球高档和奢侈品牌价值 50 强""全球 100 大奢侈品公司排行榜"……；品牌价值由第三方权威机构评定为 809.58 亿，位列中国内地黄金珠宝首饰业首位。

老凤祥逾 6000 家销售网点遍布全国各地。在国内取得高速发展的同时，在行业内率先走出国门：自 2012 年起，先后在海外和中国香港地区开设了十多家银楼专卖店，为品牌国际化、全球化发展奠定基础。

老凤祥积极倡导"传承为本、创新为魂"，先后推出"藏宝金"和"凤祥喜事"主题，旨在成为传递美好和祝福的源泉。

梦圆中国，凤祥天下！

老凤祥要把中国民族品牌的故事讲给世界听！

老凤祥品牌全球代言人
陈数

渐渐开悟，简言之，就是在变与不变之中。古人云"穷则变，变则通，通则达"，一代又一代的老凤祥人，面对时代变迁、社会变革、市场变幻，能审时度势，以变应变，在变中求生存谋发展；另一方面，他们始终坚守诚实守信的经营理念；振兴民族工业的家国情怀；精益求精、注重细节、追求卓越的工匠精神，以及敢想敢干敢突破的企业家品质。正是经过岁月沉淀、实践淬炼凝结而成的企业文化基因在老凤祥人身上世代相传并成为行动自觉，从而将其转化为危中见机的眼光、创新求变的智慧、唯才是用的胸襟和驾驭市场的能力。晒一晒老凤祥近年来的成绩单，或许更有说服力。连续18年获中国500最具价值品牌（世界品牌大会）；2022全球奢侈品企业百强第12位（德勤Deloitte）；全球高档和奢侈品牌价50强第28位（Brand Finance）；品牌价值454亿元；全国营销网点达6000多家；年销售额最高达700多亿元……林林总总，不再赘述。

荣耀已成过去式。如今，老凤祥又一次站到了风口浪尖，正如老凤祥股份有限公司党委书记、董事长杨奕所言：面对新技术革命的浪潮、残酷严峻的市场压力、国际黄金价格节节攀升、消费降级以及企业内部正处在新老交替的关键期，公司必须主动应对、直面挑战，既要有趁势而上的意识，更要有逆势而行的勇气，加快转型升级、提质增效的步伐，加大品牌打造的力度，创新营销模式和营销手段，厚植企业文化和优化人才选拔培养激励机制，为企业新一轮发展目标的实现积蓄能量、奋力前行。

据可靠消息，上海在"十五五"发展规划中提出以"大豫园地区"为核心，打造"上海国际珠宝时尚功能区"的构想。到那时，老凤祥银楼旗舰店将更有用武之地，在老城厢豫园区域的风水宝地上续写新的辉煌，为下一个百年老凤祥由国内知名品牌迈向国际知名奢侈品品牌打下厚实的基础。

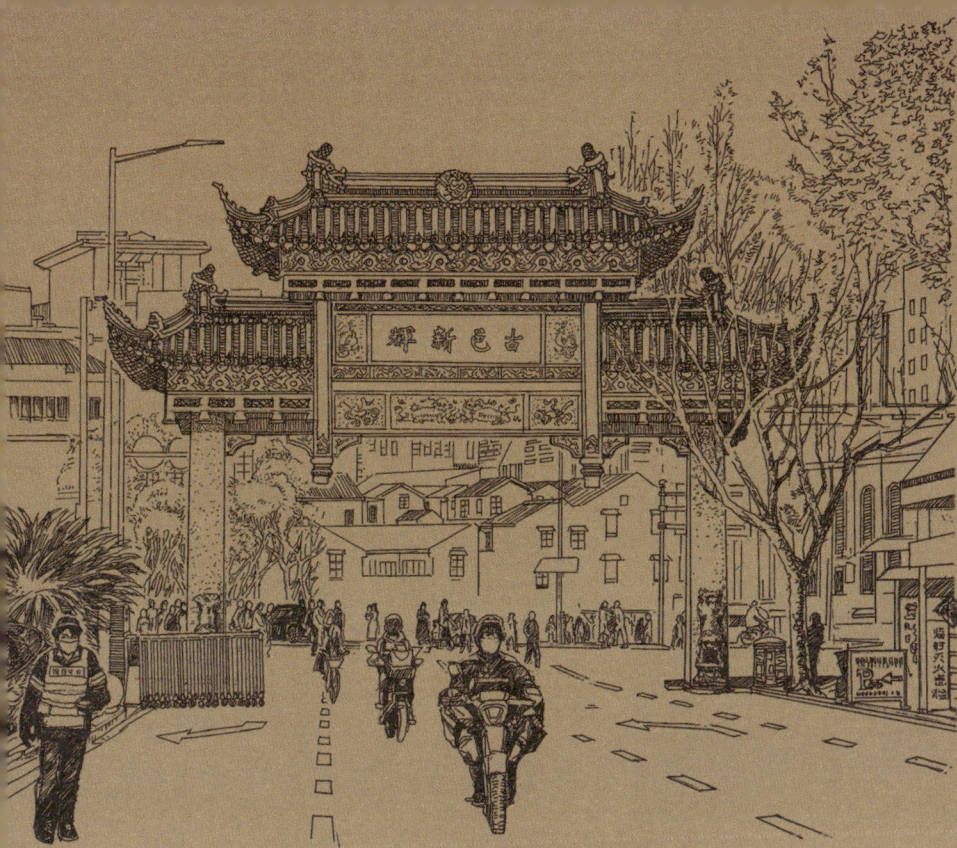

市井烟火

SHI JING YAN HUO

　　人间烟火气,最抚凡人心。在豫园商城里小憩的你,遇见生煎、小笼、汤团、馄饨……不妨与美味佳肴来个亲密接触,体验吃货众生相的酣畅陶醉;再拐入鸳鸯厅弄,拾取几例凡人俗事;然后到三牌楼路走一走,继而探营由棚户区华丽转身的西凌现代小区,会令你有意外的惊喜:申城之根的老城厢有传家宝,亦是世事变迁的一页。

▲三牌楼路昼锦路，背景是昼锦坊

我从三牌楼路走来

张载养

上海是个移民城市，由于开埠较早，很快兴盛，各地讨生活、谋出路的移民纷至沓来。宁波和江浙人由于离上海距离较近，气候条件与生活习惯也相仿，来的就更多些。我父亲就是那时从宁波来上海的，十二三岁的年纪，就跟着亲戚来到上海，在童涵春堂药铺当学徒、学生意。后来结婚成家，也带我母亲来到上海，在南市小东门附近租了房子，生下我们姐弟几个。

从我记事起，我们已经移居到三牌楼路张家弄50弄30号。三牌楼路靠近城隍庙，在南市小有名气。那里有不少棚户简屋，但石库门房子似乎更多些。我们的住处张家弄50弄，不仅主要是石库门房子，还有挺不错的个别独幢楼房。被称作张家弄，绝对与我们姓张无关，也不是张姓较多的原因，记得那一带以姓命名的弄堂不少，比如黄家弄、姚家弄、齐家弄等。

我家人口较多，除了父母还有阿

▲ 三牌楼牌坊

娘、外婆,再加兄弟姐妹5个,9个人住了石库门二楼的前后厢房,至多50来平方米吧。灶间在楼下,上下很不方便,我们就在房门口放个煤球炉(后来改用煤饼炉),权作烧菜煮饭的"自留地"。水龙头也在楼下,家里就我一个男孩,从

小学高年级开始,我就接替父亲,每天从楼下拎着一桶桶水到楼上,大约需要上下五六次,才能把一缸水盛满。以后有了改善,将楼下灶间的屋顶改成了平坡阳台,二楼可以向外延伸,接了个水龙头,搭了个灶披间,不用再跑上跑下

忙活了。石库门房子是没有卫生设备的，常年使用马桶，这一直持续到后来动迁改造。

那时，居住条件虽然简陋，邻里关系倒是十分融洽和谐。张家洗晒被子，李家会来相帮；一家包了馄饨，多家都能分享；这家孩子发烧，会惊动上下左右一大帮人。夏日酷暑难熬，晚间的弄堂就成了"纳凉胜地"，太阳刚刚退去，就有人来冲水降温，一家家摆桌搬凳，筹备晚餐开席。餐后连着乘凉，大人摇扇聊天，话题很多，小孩奔走游戏，少有停息。真是：无惧热浪滚滚，照样其乐融融。这番场景，通常会延续到深夜十一二点钟，才会渐渐散去。

我从初中二年级开始每天早起跑

▲ 三牌楼路

138

步锻炼。夏天,天亮得早,没啥障碍;冬天就不同了,清晨五点多钟天还没亮,石库门街区的小弄小巷,弯弯曲曲,那时路灯又很昏暗,我十三四岁的年纪,一个人摸黑外出还真有点害怕。看见有邻家的阿婆、大妈早起买菜,我就赶紧尾随其后,后来她们知道了,也会有意带我走出这一段暗巷冷僻之弄。到了复兴路、河南路,路宽人多,那就没事了,我顺着老城厢的人民路、中华路,大步开始了我的环城长跑。

中学毕业后,我先是在上钢三厂当了三班倒的钢铁工人,不怕累、肯吃苦,成了厂里的"青年标兵"。后来又作为一线产业工人,被选拔进了市政府机关,在外滩老汇丰银行大楼的上海市建设委员会工作。我的住处一直还在三牌楼路的老房子里。1977年结婚时,就在自家的后厢房分隔出七八平方米的一小间作为婚房,在那里生下了我的女儿,直到1986年才由单位配房搬离。我的父母则一直居住在那里。

那一段经历,可算是我人生的早期记忆。它让我认识了上海的过去,知道了普通市民的艰辛,明白自己是无数"草根"中的一员,感觉自己有责任为城市的未来发展和我们后代的美好生活尽心出力。

也许正是有了这一段难忘经历,使我以后在市建委和卢湾区的领导岗位上,在地铁一号线建设、苏州河治理、大绿化建设的第一线,以及新天地、田子坊、八号桥、思南公馆的保护开发中,常会想到普通市民的期盼和心声,常会给自己多一点鞭策和提醒:你也来自于普通的市民家庭,可不能忘记了他们,应该心系广大群众,尽己所能,多点付出与贡献。

鸳鸯厅弄里的凡人俗事

王伟民

鸳鸯弄弄堂里居民度夏情景

▲光启南路两根石柱是元朝时期留下的牌坊遗迹

▲蓬莱路正在建设的地块

　　鸳鸯厅弄位于蓬莱路的最东端，与乔家栅路相交。20世纪80年代初至90年代中期，我曾在此居住了10多年。这是一条既短又窄的弄堂，弄堂左侧是一片砖木结构的矮平房，右侧是石库门建筑"高寿里"。

　　据老人们回忆：民国初年有一位做建材生意的老板（姓名不详），积攒了点钱，在此置地建房。他膝下有两个儿子，在建堂房时特意为大儿子建了一幢有正方形塔顶的三层楼的房子，为二儿子建了一幢有圆形塔顶的同样的房子。这一圆一方既有"天圆地方"的寓

意，更有"兄弟和睦、其利断金"的含义，故取名"鸳鸯厅弄"。早年在此居住的都是来自上海周边江浙地区的人，而以浦东来上海"讨生活"的人居多，大家同住在一个屋檐下，仅方言就有好几种，真有一种"五方杂处、和而不同"的感觉。其中我记忆最深刻的，当属弄堂里的那些凡人俗事。

　　先讲弄堂口的"老皮匠"。他是20世纪60年代初为躲避饥荒从苏北老家来到上海的。起初居无定所，挑着皮匠担到处游荡。一天，老皮匠来到鸳鸯厅弄兜生意，刚到33号墙门口时突然下起

▲鸳鸯厅弄内的居民倒马桶

▲鸳鸯厅弄蓬莱路弄口

了滂沱大雨，他急忙放下担子，站在屋檐下避雨。恰巧遇见出来关门的房东老陈，老陈见他身上已被雨淋湿，就主动唤他进屋，待雨停后再走，于是两人便攀谈起来……当老陈得知老皮匠的境遇后，萌生怜悯之心，主动让他把皮匠摊摆在墙门口的屋檐下，晚上就在过街楼边上杂货间里栖息。这样既可解决他的生计，还可以多双眼睛帮他看护院子。寒来暑往几十年，他一直在此摆摊，从当年的"小皮匠"慢慢成了"老皮匠"。他平时话不多，但手艺好，与弄堂里的男女老少都合得来，上门找他修鞋的人也越来越多，尤其临近过年，大家都等着穿新鞋，实在忙不过来，他就叫在苏北的老婆出来帮忙，顺便带点苏北

的土特产赠送给那些平时关心和帮助过他的人。他始终信守承诺，除了以公道的价格、上乘的手艺为周围邻居修鞋，还成了义务"守门人"，凡到33号的陌生人都要盘问一下，由于他的"恪尽职守"，院内的邻居们外出从不锁门，也不缺任何财物。直到90年代末，年事已高的老皮匠才依依不舍地离开了鸳鸯厅弄，回到苏北老家。

再讲老房东"陈家阿婆"。早年，她是苏州城里的大家闺秀，新中国成立前夕出嫁到上海。她不仅识文断字，还精通苏绣，家里珍藏着许多绣品，每逢过年过节，她总会挑选一些绣品作为装饰，像台布、挂帘、枕头套等，上面绣有花鸟鱼虫、梅兰竹菊等各式图案，高兴

时也会向邻居们展示并传授一些绣花技艺。年近八旬的她，虽小时候缠过脚行走不便，平时只能在院内走走，但每天还能戴着老花镜在窗台下看书看报，偶尔也会撑起木架绣绣花，那种优雅的神态，我至今印象深刻。她的一生除了相夫教子，便是读书和绣花，是弄堂里名副其实的"才女"。

还有住在我家对面的邻居"唐家阿娘"，给我印象最深。她讲一口宁波话，是个心直口快、做事麻利、乐于助人的热心人，平时喜欢到邻居家串串门，"嘎嘎讪湖"，家长里短的事晓得不少，邻居凡碰到一些矛盾或困难都愿意向她倾诉，她总是尽其所能，不厌其烦地帮助解决。她常挂在嘴上的一句口头禅就是"邻帮邻，亲上亲"。记得1985年正月初五的晚上，上海突降一场罕见的大雪，正巧我老婆快要临产了，急须送医院，那时，出租车很少，更何况还在过年期间。当她得知后，立即帮我到居委借

来"黄鱼车"，解了燃眉之急。第二天，还主动帮我托关系到十六铺去买鸡蛋，这在当时凡买米要粮票、买油要油票、买布要布票的"票证"年代，能弄到额外的鸡蛋实属不易。每当我想起这段往事，心里总是甜滋滋、暖融融的。

记忆中不可遗忘的还有我的岳母。她是标准的浦东"大娘子"，人称"七妹"（在家排行第七），弄堂里人都晓得她是一个心地善良、做事勤快的人。早年在南汇农村就是纺纱织布的好手，至今我家还保留着她出嫁前纺织的"土布"。20世纪50年代，她来上海到毛纺厂做挡车工，是厂里的操作能手，多次立功受奖。她不仅布织得好，而且裁缝、编织、绣花等样样在行。从80年代起，人们一改黄、蓝、灰的单调色彩，衣着打扮开始变得丰富和多样起来。那时，她经常逛服装店，只要看到好的式样就用心记下来，回到家再用牛皮纸制成样板，经反复修改后定样，市面上只

▲乔家栅地块动拆迁前新装修的房屋

▲鸳鸯厅弄乔家栅弄堂口

要有流行的服装面世，她很快就能仿制出来。我经常看到有不少邻居到家里来向她讨教，尤其是逢年过节，更是她最忙碌的辰光，除了帮家里人添几套新衣裤外，还要义务为隔壁邻居做衣裳。裁剪过程中，她还千方百计为邻居节省布料，通过"套裁"尽可能减少边角料，并将省下来的零头布料，缝制成"袖套""围兜"或"假领头"等物尽其用。有时我老婆看到她深夜还在踏缝纫机，便劝她早点"睏觉""勿要太吃力"，她却笑着说："生活、生活，就是生出来的活，多做做，生活才有味道。"原来，她对"生活"二字是这样理解的。

其实，在鸳鸯厅弄，像这样的凡人俗事还有不少，这里的居民朴实、善良、节俭、勤快，是一群懂生活、会生活也给他人带来美好生活的人。40年过去了，如今的鸳鸯厅弄已列入拆迁范围，邻居们早已各奔东西，但愿鸳鸯厅弄的烟火气和人情味，能在新一轮城市更新中以新的形式继续延续下去。

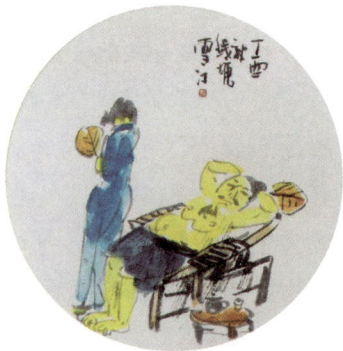

城隍庙里吃生煎
马路边上乘风凉

老姜

我家住在河南南路对面的薛弄底街。据考这里是上海最古老的马路，距老城隍庙仅10分钟路程。城隍庙就好比后门口，最难忘的当然是庙前广场的生煎馒头、鸡鸭血汤，馒头里的汤汁和血汤里的鸡鸭杂碎，想想都会流口水。

庙前广场西侧有一排厢房是棋室，经常是人头攒动，看棋的往往比下棋的还多，规则是三缄其口，常有人插科打诨，宁波话、绍兴话、苏州话、苏北话、山东话，一种方言往往就是一种性格。尤其喜欢看下盲棋，什么马八进九、马二进三、炮八平六、炮二进五……杀得天昏地暗，半天时间一会儿就过去了。还有就是大殿边上的"武松打虎"，几个分币玩一次，比试的是人的臂力，凡是有力量使红灯跳到老虎高高翘着的尾巴顶端，清脆的铃声就会响起，围观的人群便会发出啧啧的称赞。偶尔母亲给了几个分币，我也会上去试试，多数时间则是在一边看热闹。

上海老城厢以环城圆路为界，以老城隍庙为核心。环城圆路北半环为人民路，南半环为中华路，早先是条护城河，20世纪初填河筑路铺上柏油，走11路无轨电车，到20世纪末才改用汽车。同时，城墙也被拆除，留下大(小)东门、大(小)南门、老(小)西门、新(老)北门一批古地名，如今鲜有人知。

老城隍庙曾经是南市区所在地，周围有官驿街、县左街、三牌楼、四牌楼、旧校场路，到21世纪初随着旧城改造，这些路名渐渐消失于上海的版图了。

城隍庙里供着城隍老爷，前殿一个(霍光)、后殿一个(秦裕伯)。大殿前的抱柱联上写着"做个好人心正身安魂梦稳，行些善事天知地鉴鬼神钦"，看了似懂非懂。我喜欢上二楼，那里的十二太岁代表着十二生肖，因为属蛇，所以看到自己生肖前放着供品便十分得意。我害怕上三楼，三楼是幽冥殿，听大人说那里是阴曹地府；又听说人死了后要过奈何桥，阴间里的判官也戴乌纱帽，小鬼都是牛头马面，凡生前做过坏事的不是下油锅，就是被锯碎，或者被碾成肉酱。于是想到那对抱柱联，想到要做个好人行些善事，只是从未敢踏进三楼的门槛。

从城隍庙出来经九曲桥便是豫园了。九曲桥九曲十八弯，桥下是荷花池。每到盛夏荷花盛开，金色的鲤鱼在水中游弋，大人、小孩都喜欢将面包屑投入水中，鱼群便会蜂拥而上，也是白相老城隍庙的一大乐趣。当年豫园门票要二角五分，是个高大上的地方，进进出出都是老外，我只能在门外张望。

又听母亲讲，古代有位朝廷命官，是个百依百顺的孝子，一天老娘对他说："儿呀，娘这辈子享尽荣华富贵，只是还没进过御花园。"御花园在皇宫内，别说娘进不去，儿也进不去。为讨老娘欢喜就仿造修了个豫园。传到皇帝耳里，朝廷便派钦差大人前来实地查办。那位官老爷连夜叫人修了城隍庙，把修园说成了修庙，方才蒙混过关。相传城隍庙建于三国时期，豫园建于明朝万历年，这么一对比故事显然是母亲编造的了。

20世纪90年代，旧区改造如火如荼，老城厢浴火重生，百灵路变成了䛒灵楼、旧校场路造了悦宾楼、小吃进了和丰楼、工艺品进了华宝楼……唯有城隍庙、九曲桥、湖心亭、豫园风采依旧，苦苦地厮守着这块土地。

老城厢里最难熬的是三伏天。

盛夏七月，学生放假，吃过晚饭，洗好澡，太阳已经落山，家家户户纷纷走出闷热的屋子，或是板凳，或是躺椅，或是铺板，天井、弄堂、晒台、人行道上一溜摆开，是上海盛夏独有的景观。

北方人称纳凉，上海人叫乘风凉，曾经是一道风景线，如今消失在水泥森林中。

经常去的有两处，一处是后弄堂三号的晒台。当年没有高楼，没有雾霾，躺在晒台上仰望天空，星星、月亮还有云彩，便会哼起一首歌来："月亮在白莲花般云朵里穿行，晚风吹来一阵阵快乐的歌声……听妈妈讲那过去的事情。"哼着、哼着，会把自己给陶醉了。聚在晒台上乘凉，免不得要说些话，大人有他们的话题，小孩的话题常常与鬼有关，怕听、又想听；最刺激的是黑无常和白无常，据说是到人间来收魂灵的鬼差。高鼻头的学校原先是关帝庙，高鼻头的故事很多，他说晚上千万不能上厕所，有无常守在那里，一只手拿黄草纸、一只手拿白草纸，如果你拿黄的当场就被收走，拿白的天亮前也会被收走。从此晚上在家也不敢上马桶,怕有黑白无常从背后伸出手来。

另一处是前门河南南路的人行道。那里梧桐树遮天蔽日,躺在树荫下,昏暗的路灯在摇曳的树叶中时隐时现。楼下的老宁波是个大块头,挺着大肚皮,长着酒糟鼻,欢喜在路灯下摆象棋残局,车轮大战可以从黄昏打到深夜,自称"老酒日日醉,残局盘盘赢"。街坊邻居都说武松打的是醉拳,他下的是醉棋。也有喜欢在树荫下面,放张小桌子,端几个小板凳,一家人围坐在一起吃饭的。一盘毛豆炒咸菜,几块臭豆腐干,加上两个咸鸭蛋,再来碗白米粥,便是顿消暑的晚饭。

当然更多乘风凉的人,会在躺椅上静静地想点事,喃喃地说些话,浅浅地打个盹,有道是心静自然凉,不知不觉就到了半夜,那时姐姐会轻轻地摇醒我,收起椅凳进屋去睡。

上海三伏的热是一种闷热,能够把你热得窒息,热急了,乘风凉的人就会买些棒冰来降温。光明牌棒冰用小木箱装,小贩们背着木箱用木块击打着,箱体发出"笃、笃、笃"的撞击声。喜欢吃赤豆棒冰,四分钱一根;当然还有雪糕,要八分,太贵,只能偶尔为之。

当年,凡出来乘风凉,手中一般都提着把扇子,是蒲葵做的,俗称蒲扇。感觉热了,就摇几下,感觉好点了,就把它插在领子后或别在裤腰上。当然淑女除外,姑娘们喜欢的扇子要考究得多,是那种小折扇,扇面有描着花草、禽鸟的,也有题着诗词的。记得有一把是这样写的:"扇子扇冷风,扇夏不扇冬,若要问我借,等过八月中。"写得朴实、生动、幽默,过目难忘。

如今扇子成了工艺品,乘凉成了过去的记忆,暑假成了补课的战场。

喜欢今天的上海,高楼林立,充满活力;怀念过去的上海,民风淳朴,邻里情深。

老弄堂拾趣

老姜

卧波堂随笔

弄堂，是老上海抹不去的记忆，承载着几代人的情感。弄堂文化成就了上海人特有的气质。

老城厢在人民路、中华路间的环城圆路内，大约2平方公里，密密麻麻的弄堂纵横交错。记得小时候贯通东西只有两条路：一条是方浜路，东起小东门，西至小北门；一条是复兴东路，东起大东门，西到老西门。且都是弹格路，曲曲弯弯十分狭窄。南北走向没有主路，到20世纪50年代才辟通河南南路，号称南北干道。从此老城厢范围内第一次有了公共交通，走66路公共汽车。通车的头几年还是石子路面，到20世纪70年代才铺上沥青。所以，在上海长大的，尤其是老城厢居民都称自己是弄堂里长大的。

说到老城厢，比较成规模的石库门

弄堂有大境路北侧的"开明里",红砖、洋瓦、黑漆大门。我在大境路小学念书,不少同学住在"开明里"。当年小学是两部制,上午上课,下午到同学家做作业,对那里自然十分熟悉。幸运的是在大规模的旧城改造中开明里居然奇迹般地保留了下来。还有就是露香园路西面的"总弄堂",也是石库门弄堂,因为规模大,分总弄堂和支弄堂。总弄堂与开明里不同,山墙用青砖,弄堂更宽阔,不过它没有开明里那样幸运,早已荡然无存了。我上的中学在总弄堂附近,如今也被改造了,偶然经过会有点伤感。地处尚文路南侧的"龙门邨",是老城厢最酷的弄堂。近两万平方米的建筑规模,在当年是十分气派的。每幢单体姿态各异,有苏格兰式、西班牙式,有小院、有落地窗,还有"大卫生"。当年上海喊三轮车,只要讲去龙门邨,车夫没有"勿晓得"呃。

"小辰光"喜欢穿弄堂。穿过西仓桥街是小桃园清真寺,一座伊斯兰风格的教堂;穿过天灯弄是书隐楼,曾经是江南三大藏书楼之一,后被郭万丰船号收购,曾为郭家私产,后由政府收购,进行保护性修缮;穿过乔家路就是九间楼,是徐光启故居,边上一条小路因此取名光启南路;穿过学前街就是文庙,周围的蓬莱市场有刻纸花、斗蟋蟀,是"小辰光"最爱去的地方;穿过梼岭街就是慈修庵,据说早年是黄氏家庵,曾经改建为梨园公所,现为上海佛学院尼众班学修场所。有道是大隐隐于市,老城厢弄堂里有着说不完的故事。

再讲讲上海弄堂里的叫卖声,近年来成了时尚,屡屡被搬上舞台,所谓大俗大雅。回想起来:冬夜,浦东娘子"长锭、长锭"叫卖声里有一种凄楚;深秋,"桂花赤豆糕,白糖莲心粥"喊出的是丝丝的暖意;夏日,"棒冰吃哦棒冰,光明牌棒冰",入耳顿觉清凉;待到入梅,"阿有坏额洋伞修哦,阿有坏额套鞋修哦",

一阵阵的叫卖声总会令人感到惆怅。这大概就是属于上海人的乡愁吧。其实，弄堂里的叫卖声背后隐藏着的是一种情绪。留不住的是弄堂，留住的是乡愁。

石皮弄是南市的一条小街。呈"工"字形状，窄而长，一侧为南石皮弄，一侧为北石皮弄，中间一杠为中石皮弄。中石皮弄里有个跷脚，小儿麻痹症遗留下来的，走起路来一跷一跷的，弄堂里的人称他为阿跷。阿跷从小没了爹妈，也没有兄弟姐妹，一人住间阁楼，靠民政救济每月八元钱。吃的是百家饭，东家混一顿，西家混一顿，当然是不上人家台面的，只是拿着个搪瓷大碗，盛上一碗米饭撅点小菜。一人吃饱全家吃饱，一人睡着全家睡着。阿跷不上学，从早到晚站在弄堂口，看见漂亮的小姑娘就会吹个口哨、做个鬼脸什么的，上海人叫"吃豆腐"。但阿跷自有分寸的，只到此为止。阿跷喜欢"打相打"，天不怕、地不怕，小孩见他都躲着走，但阿跷专挑横的打，从不欺侮小孩，整个石皮弄都说阿跷是"一只鼎"。

北石皮弄有只垃圾箱，由一个中年男子负责看管，他是个兔唇，上海人称"豁嘴"，弄堂里小孩叫他兔子头。每次去倒垃圾总觉得怕怕的，趁他不在赶紧倒了，扭头便跑。当年的垃圾主要是煤灰，当然也有些破烂，兔子头负责看管，回收也归他。每当傍晚环卫车把垃圾拉走后，他会把垃圾箱里里外外扫得干干净净的，时不时还用石灰水刷上一遍。旧上海对捡破烂的有个歧视性的称呼——"垃圾瘪三"，1949年后私下还有人那样叫。"文革"中"清理阶级队伍"时有人揭发："迭只瘪三是国民党逃亡的连级军官"，众人大愕。不久，根据"公安六条"兔子头被作为历史反革命遭返回乡。

记得小时候，上海弄堂口都摆着一口大瓦缸，上海话叫"汏脚钵斗"，家家户户倒剩菜、剩饭用的。住在南石皮弄的一位阿姨负责打理，每到下午她会推来一辆平板车，把泔脚装到两只硕大的柏油桶内，徒步拉到浦东乡下喂猪。本来这样的苦应该是男人受的，因为家中不见男人，女人便成了一个顶门立户的汉子。虽然活又臭、又脏、又累，一年三百六十天，风里来雨里去，脸被晒得黑黑的，但身体却棒棒的。邻居们都叫她"啰啰阿姨"，她也不介意，整天乐呵呵的。

石皮弄住着好几百户人家，大人剃头一般去理发店，小孩剃头多数在理发摊头。"洋活狲"整天提着一个人造革做的手提包到处转，包里放着木梳、推子、剪刀，还有刮胡刀。叫他"洋活狲"是因为他姓杨，又因为高高的颧骨、尖尖的腮帮、鼓鼓的眼睛，长得一副猴相。上海人称猴子为"活狲"，于是就有了这个称呼。"洋活狲"手艺不错、价钿便宜，待人和气又十分仔细，小孩们要他剃头，还喜欢跟他开玩笑。比如银行里存折有几钿？啥辰光讨老婆？今朝剃头侬请客好哦？他总是面带微笑，笑而不答。

上海老城厢是劳动人民居住的地方，没有惊天动地的故事，没有叱咤风云的人物。普普通通的小市民过着平平淡淡的小日子，即便回忆虽然风轻云淡，却是刻骨铭心。

老城厢里
的时光新韵

邵 彬 鸣

　　上海，这座交织着摩登与怀旧的城市，豫园地区宛如一颗璀璨的明珠，承载着深厚的历史底蕴与浓郁的人文情怀。而紧邻豫园的"士林·润园"，恰似一位从时光深处走来的优雅使者，续写着老城厢的传奇故事。

　　南房集团本着对老城厢居民的深厚责任感，深耕于此 29 载，从一家国资房屋管理服务企业，与央企华润置地携手，华丽转身为推进城市更新的标杆企业。旗下士林置业公司历经 3 年多的精心雕琢，成功打造出传承"海派建筑——石库门"风格的佳作"士林·润园"。

　　人们沿着老城厢街巷漫步，仿佛听见历史的足音：曾经的 11 路电车，沿着环形线路缓缓行驶，那轨迹宛如一条时光的纽带，串起了上海 740 年的记忆原点。这里的老屋、老街，构成了充满烟火气的"历史文化空间"，每一块砖石、每一条小巷，都诉说着老城厢原住民的生活方式与文化根脉。

"士林·润园"的更新规划，宛如一首饱含历史文化深情的赞歌。它珍视旧墙老屋间的每一丝文脉，呵护街道古迹和人物故事，以及独特的民居建筑与市井生活文化。犹如古老的望云路，其名取自《史记·五帝本记》中"帝尧者放勋，其人如天，其知如神，就之如日，望之如云"。过去，老百姓尊称官员为"父母官"，望云路便成了望父母之路，尽显老城厢的淳朴民风。它不仅是"人间烟火气、最抚凡人心"的生活写照，更是上海老城厢"中心商业街"的繁华见证，商市往来兴旺，生活和谐惬意。此处留存有近现代城市生活的珍贵记忆，望族名人辈出。朝北几十步的艾家弄，是明朝艾可久族人的聚宅之地；再往前的虹桥弄，曾是海派绘画创始人之一任伯年的居所。望云路西面的倒川弄，据说也曾留下董其昌生活的足迹。

而蓬莱路，宛如一条蜿蜒的历史长河，静静流淌在老城厢的中部。它因历

规划改造前的望云路

154

▶士林·润园规划示意图

▼项目区域内的建筑风貌。全区建筑均为低层，普遍以花园式、里弄式、街店式建筑组合呈现。由于"小单元"产权的长期存续，形成了有机且清晰的"接邻式"机理关系。有"小而美、巧而精、糅而谐"的特质。

▼士林·润园规划布局

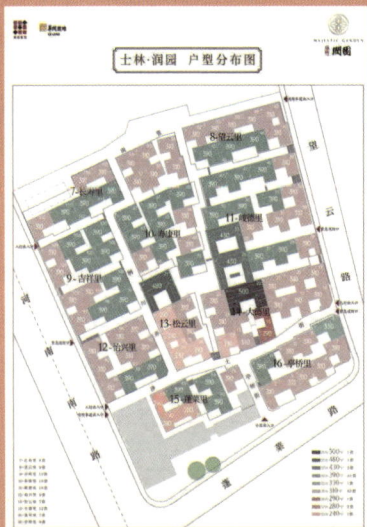

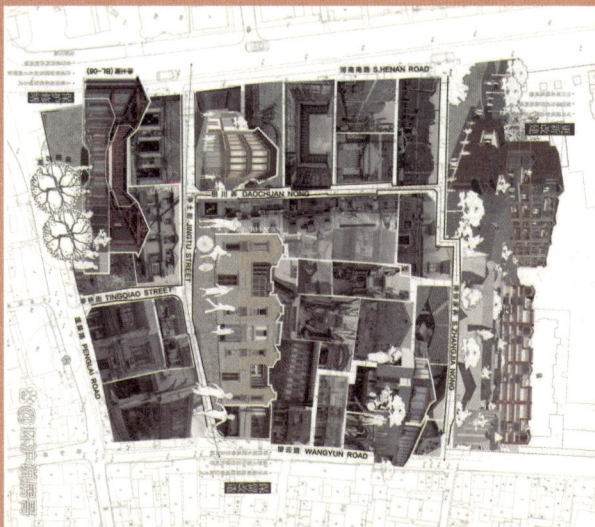

155

史上的"蓬莱道院"而得名，周边云集着敬业书院、蕊珠书院、龙门书院等文化胜地；骑鹤楼、吾园、也是园、龙门邨、净土庵、一粟庵、先棉祠等古迹星罗棋布，素有"一条蓬莱路，半部城厢史"的美誉。这条始建于清朝光绪三十二年（1906），由填半段泾、杨家桥浜、运粮河浜筑成的道路，虽只有七八百米长，却见证了无数的风云变幻。

蓬莱路171号，更是一处充满传奇色彩的地方。1915年到1927年的12年间，这里曾是上海县的衙门所在地；1927年，还短暂成为上海特别市临时政府的驻地。周边居住着上海最早的一批老居民，这里享有"上海母城、最牛街道"的盛誉。蓬莱路就像一幅徐徐展开的生活长卷，记录着岁月的沧桑变迁，见证了南市从繁华的商业中心到历经战火洗礼，再到如今逐步复兴的全过程。

"士林·润园"传承着"海派建筑——石库门"风格，将江南园林艺术的厚重魅力展现得淋漓尽致。它不仅是一处居住之所，更是江南文化与海派文化交融的人文结晶。在建筑设计上，它巧妙地融合了传统与现代元素，既有石库门建筑的经典韵味，又不失现代建筑的时尚与舒适。漫步其中，仿佛感受到历史与现实的完美碰撞。

走进"士林·润园"，如同走进时光的迷宫。在这里，你可以在古老的街巷中追寻历史的记忆，也可以在现代化的居所中享受舒适的生活。它是老城厢城市更新的新地标，更是上海这座城市文化传承与创新的生动写照。

在未来的日子里，"士林·润园"将继续承载着老城厢的历史与文化，向着国际化大都市更新的美妙愿景稳步前行。它将成为人们了解上海历史、感受海派文化的重要窗口，让每一位来到这里的人，都能领略到老城厢的独特魅力，以及这座城市在岁月长河中不断焕发出的勃勃生机。

传家宝的好归宿

王孝敏

得闲于近日来上海连绵的阴雨，一日的巳时，我在书房随手翻阅笔记本，看着过往被记录下来的、那些我觉得值得回味的事。一张《捐赠签收单》醒目地映入了眼帘，顿时，把我的思绪又一次拉进了2023年11月16日。

这天，上海市黄浦区文物保护管理所为我捐赠的一个代表金氏家族的箱子，而专门举办捐赠仪式，并授予我荣誉证书。仪式上参加的人员有：文保所王娟所长和所里的全体人员，还有我的亲朋好友。现场我讲述了这个饱含着沧海桑田箱子的历史和我对外婆浓浓的感恩情怀。

这个箱子是上下盖的，长90厘米、宽60厘米、高45厘米，它是外婆嫁到居住在南市九亩地颇有名气的金氏家族四公子时的嫁妆。听外婆说，箱子是在东街

▲本文作者在捐赠仪式上

（民国时期，县城城墙下的一条街）一家专做皮箱的徐仁茂店（在箱子的上盖里的衬布上有此牌记）里买的。牌记上写着：货真价实，本铺上海小东门内老学前坐西朝东门面自造牛皮箱帽笼礼匣发客，如假包换。这家店因品质上乘，在上海滩小有名气。箱子做得也考究，木胎外包牛皮，内有麻织里，抗潮防蛀。箱子左右两旁有纯铜拎环，方便移动和搬运；上下盖用的是纯铜的枕头锁。

　　箱子里面开始是放外婆的绫罗绸缎、后放过外公经营的珠宝玉器。20世纪30年代，外婆从九亩地搬到自忠路后，曾遭到强盗的入室，这次劫难中箱子受到严重的破坏，箱子上附着的纯铜物件都是被暴力拆去的（箱体上的疤痕至今留存），好在有外婆的保护，才有了家里所有人的安全。箱子的另一次劫难是在1966年，自此，箱子里面就再没有值钱的东西了，但它还是被外婆精心呵护、视为珍宝，时常还会上点木油。

　　动荡的时代，艰难的生活，外婆一直保持家训的传承、家风的涵养和家规的养成，四个孩子也敬老人、孝父母、尊师长、友兄弟、睦近邻、崇俭朴。她始终说："家庭和睦是最宝贵的财富，家训是留给后代最好的遗产。"待到我母亲结婚时，外婆靠着勤俭持家，又在箱子里添了些宝贝，给女儿做了嫁妆。此时的箱子已开始斑驳，我父亲有木漆手艺对箱面做了修整，黑里透红复古的色彩，又呈现出当年喜庆的气息。

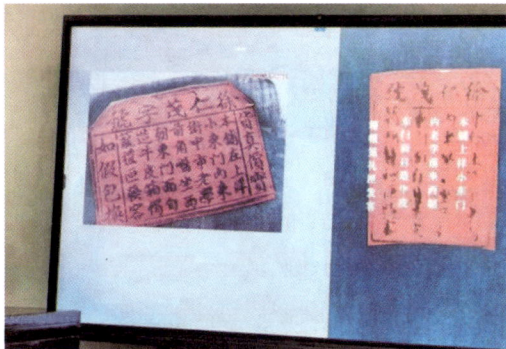

▲当年购买时商家对这只牛皮箱产品的介绍资料

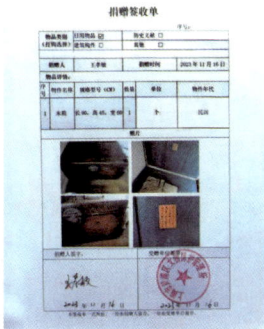

▲传家宝捐赠签收单

"寻常生活中的一物，不只是用来满足生活所需，也用来寄托一切生活的良愿。"这个传家宝箱子被放在了我的卧室，它已不再存放东西。我在箱子上铺了块老粗布，应景时尚，把它当作电视柜用。每每看见它，我总能想起外婆，一位没有被生活压垮、坚强不屈的女性，她用乐观和勤俭，维持了一个大家庭的生计，还让金氏家族的子孙传承了优秀的家规家训。

2023年2月的电视上，报道了老物件可安家于博物馆的消息。我受到启发，也萌生了捐赠的念想——把"独乐乐"的传家宝变成全社会共赏共珍大范围的"众乐乐"，让博物馆来保护历史、护佑文化。这才是它最好的归宿啊！想法一出口便得到了金氏家族全体的赞同。可，能接受此物件的博物馆几乎为零，我没有放弃，在寻觅数月后，功夫不负有心人，我找到了上海市黄浦区文物保护管理所，他们对能丰富馆藏和有历史的物件很重视，于是就有了先前的一幕。

捐赠的当晚，我梦见了外婆，我们跨越时空对望。她安心地微笑着。

▲西凌家宅棚户区华丽转身为西凌新邨

▲俯瞰改造前的西凌家宅棚户区

何以"西凌"

汪新民

一位原南市区的离休老人王宏杰说起他居住的"西凌新村",自豪之情溢于言表,对此地翻天覆地的变化归纳为四个阶段,用"何以'西凌'"提纲挈领地概括了西凌区域的来龙去脉。

"西凌家宅"处于上海南面临近黄浦江,东临新肇周路,南至西凌家宅路,西达制造局路,北连斜土路,占地9.55公顷。清代地处上海老城厢的西面,原为大片农田及坟地,有凌姓家族居住,建有少量砖木房。清宣统元年(1909)填了区间的一条河(南周泾河)筑新肇周路,民间称路东为东凌家宅,路西为西凌家宅,西凌家宅由此而来。

1865年，李鸿章委派丁日昌创设了江南制造局，1867年江南制造局从虹口正式迁址至沪南高昌庙镇，高昌庙镇也因江南制造局的迁入而兴起，成为沪南大镇。工人家属很快在附近江滩农田造房建屋，商机随人而至，清末高昌庙镇已是商肆不下数百家的大镇。尤其是1909年建成的沪杭甬铁路，在高昌庙一镇设两站，位于镇东北的终点站上海南火车站（今中山南路、南车站路之西北）、位于镇西的高昌庙站（今中山南路、局门路南）。从此，这儿成了上海陆上南大门，旅客川流不息。西凌家宅也随高昌庙镇作为上海华界的繁华地，堪称沪南明珠，渐与老城厢连片，逐渐城市化了。此乃"西凌家宅"初起的第一阶段。

自江南制造局的迁入，高昌庙镇便成了多方势力控制上海的必争之地。1937年"八一三"淞沪战争爆发不久，此处就频频受到日军空袭，日机投下大量燃烧弹，引起全镇大火，被毁房屋3000余间，1800余平民遇难。11月11日下午2时，日军强行上岸，攻破国民政府军防线，一路烧杀抢掠，高昌庙镇彻底被毁。日军攻破高昌庙防线，在吴淞闸北抗战的国民政府军主力恐腹背受敌而仓皇撤退，上海保卫战失败。上海沦陷期间，有难民在废墟上搭棚聚居，更有人在土堆上挖洞栖身。

抗战胜利后，大量难民从苏北、安徽等地来此谋生，在废墟上搭起成片滚地龙和木板简屋，逐渐形成棚户区。居民多以拾荒、蹬三轮车为业，居住环境恶劣，生活十分贫困。当地流传一首民谣："臭池塘连污水浜，常有饿尸弃路旁，苍蝇蚊子满天飞，吃水要到黄浦江。"一直到上海解放，西凌家宅区域是沪南最大的棚户区，此乃"西凌家宅"遭日寇毁灭后的第二阶段。

上海解放后，劳动人民翻身当主人，但国家"一穷二白"的面貌一时难以改变，西凌家宅区域依旧是居民集中的

▲晴天时,西凌家宅棚户区弄堂里挂满 ▲西凌家宅路上有了骑楼式商业网点
了洗晒的衣被

大棚户区,房屋简陋,年久老化,大片竹木结构、芦席油毡铺顶的危房简屋密密匝匝。随着人口不断增长,居民为了解决居住困难,大量违章搭建,使20世纪50年代辟建的大弄堂过道也被居民搭建而阻塞。有些弄堂仅宽半公尺,邮电员送信连自行车都推不进去,雨天伞都撑不开。居民有急病,不用说救护车,连担架都无法用,只能靠人背出来。一次小孩子玩火引起火灾,消防车到了现场进不去,最后靠邻居用铅桶面盆接水浇,才把火熄灭。

一对夫妻有五个孩子,一个小的在父母床上睡,四个孩子睡在床底下,一进这小屋就看见床下四个小孩头。还有从娘胎生下起一直睡在地板上长大的"地板姑娘"。居民中几代同室,几对夫妻靠拉布帘混居一室的情况相当普遍。不少居民居住条件极差,终年住在没有阳光、不通风且闷、潮、漏、脏的棚户简屋环境中。每天早晨都有3000多只马桶和3000多只煤球炉摆在弯曲狭窄的小路上,叫人既难进又难出,吃水还要到给水站去拎。

棚户中犬牙交错,夹杂着13家仓库,还有久新搪瓷厂、红光造纸厂、力生铸钢厂、化纤七厂、汇明电子厂等工厂。这些厂几乎都是污染严重、灰尘乱飞、噪声扰人,严重影响居民的正常生活。白衣服晾出灰衣服收回,居民苦不堪言,矛盾争吵不断。后有近千户居民联名盖章写信,要求尽快改造棚户区,解除群众疾苦,使其过上幸福生活。历届区人大代表也提出议案,但均因资金困难,政府无力着手改善而搁置。此乃"西凌家宅"维持旧貌的第二阶段。

改革开放后,各级政府为民办实事的财力、能力和意识逐步增强。面对西凌家宅区域市民的大声疾呼,自1984年10月起,原南市区政府采取广开财路、吸引社会资金投入的方法,先后有23个部属和市属、区属单位参建,开始全面改造建设西凌家宅区域。两年多共动迁50个单位,3032户居民。一直到1995年10月,前后历时11年,西凌家宅改造工程全面竣工,命名为"西凌新村"。新村占地9.5万平方米,其中高层10幢,建筑面积20万平方米;多层23幢,建筑面积10余万平方米。新村内树林阴翳、花木扶疏,有绿地1.9万平方米,覆盖率20%。设有幼托学校、老年活动中心、医院及娱乐场所,商业网点计9602平方米。水、电、煤气一应俱全,90年代初居民全部装上电话。区域内新辟横贯新村的西凌家宅路及三条街坊干道,西凌家宅路两侧的商业设施造成"骑楼"状,方便居民雨天购物,交通设施也到位。经市、区专业人员考察验收,确认各项指标合格,西凌新村成为上海老城厢早期旧区改造的样板。

当年动迁的90%的居民回迁西凌家宅,住上新房笑逐颜开。1996年已经78岁的老人俞礼瑞动情地说,我结婚后原住一间12平方米的旧简屋,生了4个孩

▲曾经的西凌家宅棚户区　　　　▲西凌棚户区内外

子,2个大点的孩子天天睡地板,还有一个老外婆睡张小床,全家七口人,实际住房面积每人为1.7平方米,天天为住房发愁。现在我和老伴两人住一室半,19.4平方米,孩子都已结婚成家,都有房子。和过去比,真是一个地下,一个天上。现在房子宽敞明亮,方向朝南,冬暖夏凉,煤卫独用,越想越开心,真是托党和政府的福。西凌家宅区域旧貌换新颜,居民生活改善,扬眉吐气,再也不用为住房发愁、为环境叫屈、为生存叫难了。此乃"西凌家宅"区域走上现代文明之路的第四阶段。

"西凌家宅"区域百多年沧桑巨变的发展历史,浓缩了上海从封建社会过渡到半封建、半殖民地社会,又到了新民主主义社会,改革开放前的社会主义社会和十一届三中全会后的社会主义社会的全过程。何以"西凌",此乃上海100多年发展史的真实写照,也是上海老城厢演绎"城市,让生活更美好"的经典案例。

1989年上海南码头

浦江逐浪话变迁

王伟民

今年夏季，我独自去黄浦江边走走，看看江上穿梭不停的船只，吹吹迎面而来的江风，听听拍打在亲水平台边的水浪声，思绪情不自禁地回到小时候在黄浦江上畅游的情景。

记得20世纪60年代初，我住在海潮路附近一个弄堂里，距离南码头只有800多米，步行10分钟即可到达。那时，弄堂里的小孩一到夏天便会成群结对地去黄浦江游泳，整个南码头两侧自然成了天然的"游泳池"。

第一次在黄浦江上教我学游泳的是房东的儿子，他叫"根宝"，比我大五六岁，水性特好，据说是他父亲在南通打渔时教会他游泳的。后来他父亲到上海在码头上当搬运工，收工时也会带着他在码头洗澡、游泳。此时他俨然成了我的游泳教练，只不过他的教法特别"野蛮"，他把我带到一大片浸泡在江里的木排处，选好木排之间的空隙（大约有二三十平方米）处，对我说："现在把你扔到水里你怕不怕？"我说"不怕"。于是，他就一把抱起我扔到了水里，看着我在水里挣扎一会，就跳下去把我捞起，过会儿再把我扔下去……如此循环往复，等到第三天，我突然发现自己会

▲行业繁华的黄浦江码头　　　　　　　▲那个年代，上海的江河就是少年天然的泳池

踩水换气了，原先那些呛水的难受和大口喝水的痛苦滋味突然被兴奋和惊喜所取代。

从那时起，我与黄浦江结下了不解之缘。每逢夏天，我便会同弄堂里的一帮"野蛮小句(鬼)"在南码头、董家渡、十六铺一带畅游，甚至外滩、港口都有我们的身影，什么爬浮筒、搭拖轮、登油船等样样在行。那时，黄浦江各轮渡口规定：由浦西摆渡到浦东去要收6分钱的过江费，而从浦东返回到浦西则免费。为了省钱，我们还经常横渡过江，到对面的唐桥、六里桥去捉"蟪绩"(蟋蟀)、捞鱼虫、搭"夜胡子"(蝉)，玩尽兴后再乘免费的渡轮回浦西的家。

时过境迁，每当我回想起小时候在黄浦江上"野泳"的经历，心里总有一些庆幸和后怕的感觉，万一遇有不测，岂

▲20世纪60年代群众性横渡黄浦江活动　　▲上海举办的横渡黄浦江活动

不成了"汆江浮司"。

有一件事，终于结束了我"野泳"的经历。1966年7月16日，毛主席在武汉畅游长江，消息一经传出，全国上下立即掀起了到大江大河去游泳、去锻炼的热潮，每年都要组织各行各业的游泳爱好者参加纪念毛主席畅游长江的周年庆活动。我有幸通过测试被选送到区学生游泳队参加畅游黄浦江的活动，工

作以后还作为基干民兵多次参加武装泅渡。

特别令我难忘的是：1969年7月，上海曾组织了一次规模空前的"长长游"活动，计划从米市渡游到划船俱乐部，直线距离25000米（25公里）。我区组织了由长乐路第三小学（游泳特色学校）游泳队为主、其他学校学生为补充的一支60人的队伍，并由长三小学体育老师

▲ 游泳的青少年

邓鹏里（其后为向明中学体育特级教师）负责领游。那天，米市渡码头上红旗飘飘、锣鼓阵阵，10多辆大卡车满载着游泳健儿来到码头上集合，大家稍做准备便依次下水，整个江面上共有16支队伍组成的方队浩浩荡荡顺流而下，队伍两侧还有2艘登陆艇和十几只机动船为我们保驾护航，场面十分壮观。长距离游泳，对人的体力和意志力是一次极大的考验，为了补充体能，船上会扔下一些罗宋面包给大家吃；带队老师还在船上用电喇叭给我们朗读毛主席

诗词《水调歌头·游泳》："才饮长沙水，又食武昌鱼，万里长江横渡，极目楚天舒……"全体队员齐声高呼"下定决心、不怕牺牲、排除万难、去争取胜利"的口号互相鼓励。经过约5个小时的奋力逐浪，终于抵达终点。在所有游泳队伍中，我们是唯一一支队形保持完整、没有一个人中途退出或掉队的学生队伍。当大家齐刷刷地走上岸时，岸边响起了阵阵掌声，仿佛每个人都成了凯旋的勇士，真有一种"自古英雄出少年"的感觉。

过往的经历使我对黄浦江有着一份深深的眷恋和特殊的感情。弹指间，60年过去了，黄浦江早已今非昔比，它的每一个变化都令我感动不已。

先说水质的变化。20世纪60年代初，黄浦江水质还十分清澈，游泳时经常能遇到鱼儿在身旁游动，江鸥在空中翱翔。但到了70年代中后期，由于人口和工业发展，大量生活和工业废水被排

入江里，水的颜色开始浑浊起来，直到变黑发臭。最直观的感受就是入水不久下巴处便会长起"胡子"，其实就是水里的污垢沾在下额处，脏兮兮、黏乎乎的。由于水质的恶化，到黄浦江游泳的人渐渐少了起来。进入新世纪，治理黄浦江水质污染被提到议事日程，让"生命之水"变清已成为每个上海人的迫切愿望。经过多年坚持不懈的综合整治，黄浦江水渐渐开始清澈起来，现在已能达到国家三类水的标准。

再说越江交通的变化。在黄浦江100多公里沿线，过去除了有一条70年代初竣工通车的打浦路隧道外，主要依靠轮渡过江，这种通行方式时间长且运力有限，最终导致浦东浦西在发展上的落差十分明显。当时浦东人往往被认为是"乡下人"，"宁要浦西一张床，不要浦东一间房"已成为上海人的集体意识和口头禅。1988年12月，黄浦江上终于开始建设第一座大桥——南浦大桥。

1990年，随着浦东开发开放大幕的拉开，黄浦江上又陆续建起了杨浦大桥、卢浦大桥、闵浦大桥和奉浦大桥等13座大桥，创造了桥梁建造史上的奇迹；同时还建造了复兴东路隧道、延安东路隧道等19条隧道，为浦东开发和上海整体发展插上了腾飞的翅膀。

特别想说的还有环境的变化。前不久，我来到新落成的浦东世博文化园内由人工建造的"双子山"游览。拾级登上48米高的山顶俯看四周，瞬间就被眼前的美景所吸引，只见近处绿草茵茵、碧波荡漾，乳白色的11孔桥静卧湖上，倒映在水中；远处高楼林立、错落有致，上海中心、环球金融中心和金茂大厦"三件套"尽收眼底，卢浦大桥凌空飞架，划出一道柔美的弧线……欣赏两岸美景的同时，也不由自主地打开了我脑海中封存已久的另一幅图像。这或许是机缘巧合，距"双子山"不远处曾经也有一座"山"，它高约60多米，是由上钢三厂炼钢时所产生的钢碴、煤碴等废料多年堆砌而成，人称"垃圾山"。当年，我曾从浦西游到上钢三厂厂区，偷偷爬到山顶，那时，一眼望去，厂区里锈迹斑斑，几根高大的烟囱正喷着浓浓的黑烟，天空被染成了灰色；江两岸除了工厂、码头、仓库之外，浦东一侧是大片农田和星星点点的农舍，而浦西一侧则是成片的危棚简屋，全然没有大上海的腔调。斗转星移，而今黄浦江两岸早已旧貌换新颜，陆家嘴金融中心、"老码头"创意天地、梦工厂、国际邮轮港、北外滩"世界会客厅"、各类主题博物馆，还有从杨浦大桥到徐浦大桥45公里滨江岸线的贯通和优秀历史建筑的保护和开发……黄浦江两岸正成为金融服务、国际航运、科技创新、历史人文、健身娱乐、旅游观光的黄金宝地。目睹这一系列的变化，令人感慨万千，真是"同为一江水，冰火两重天"。她的背后折射出上海这座城市的大格局、大视野、大智慧和对"人民城市"理念的一以贯之。

　　徜徉在江边，微风拂面，沁人心脾，我畅想着黄浦江更加美好的明天……

老城厢掠影

董克荣

过去上海老城厢曾经是两个区，一个是蓬莱区，另一个是邑庙区。为了减少区域的划分，这两个区后来合并成为南市区。

南市区有一条马路叫"光启路"，它是以明代著名的科学家、数学家徐光启的名字命名的。虽然它的路名响当当，可这条路却只有百十来米，与它相接的是阜民路。早上光启路是马路菜场，

▲ 大隐隐于市的文化瑰宝——书隐楼，坐落于黄浦区天灯弄77号，正在修缮中

人车拥挤，过了早市就畅通了。下午放学后，小孩子会在卖菜的水泥台上横放一根竹杆打乒乓球，汗流浃背地争夺输赢，很是热闹。

静安区有一条与阜民路读音一样的路叫富民路，经常会被人听错。有一次，一个外地来上海的人从十六铺码头下了船，叫了一辆黄包车要去富民路，车夫说了声"好来"就拉客人走了。

阜民路离码头有一段路，六月的天让客人昏昏欲睡，等车夫叫一声"到啦"，客人下车时却傻了眼，说：富民路大都是洋房，看这里尽是老房子，怎么会是富民路呢？你把我拉到老城区啦！车夫知道自己搞错了，于是又满头大汗地从阜民路将他拉到富民路。

我曾经住在阜民路139弄7号，"瑾瑜里"的石库门弄堂里。前面说的那位车夫姓丁，也住在阜民路，是我的邻居，大家都叫他"丁先生"。每天早上不忙的时候，他会热情地让我和弟弟坐他的黄包车，送我们到蓬莱路上的梅溪小学去念书。

梅溪小学有100多年的历史，如今

▲梅溪小学校门

▲晚清商船大王郁泰丰故居

▲徐光启出生地

还在,教育质量非常好。为了让校园生活丰富多彩,学校经常组织学生去校外活动,在操场上还表演过杂技和魔术。我记得有一位魔术师在地上打了个滚,从自己的腰里拿出一个盛满水的大碗,里面有许多红色的鲤鱼在游动,让小学生们惊叹不已。

操场边一间房子里有一个石磨,天不亮校工开始磨豆浆,老远就能听到磨豆浆时发出吱咯吱咯的声音。每个学生上学时书包上都挂了一只杯子,早自习前,校工到教室里给每个学生的杯子里倒满热气腾腾的豆浆,这个福利在其他学校肯定是没有的。

邻居丁先生有一双儿女,大儿子丁林根在20世纪60年代参军当兵,没几年肩上就有了几颗星。丁林根探亲回家时,送我一张很英气的穿军装的全身照片。丁先生的女儿丁林玲长大后不知道嫁到哪里去了。60年代动员下乡发展农业,丁先生回家乡务农,以后我再也没有见到过他。他的妻子在南市区凝和路菜场卖菜,生活并不富裕。

后来上海道路普查时,阜民路改名

▲乔一琦故居

王孝和曾经住在乔家路俞家弄71号。1941年，他加入中国共产党后，积极组织工人参加罢工斗争，由于叛徒的出卖他在上班途中被捕，被关押在提篮桥监狱，受尽严刑拷打，坚贞不屈，上海解放的前夕他被敌人杀害。为了纪念王孝和，在人民路和云南南路交会处建了一座塑像供大家凭吊。

为光启南路。与光启南路相接的乔家路是有来历的。16世纪抗倭名将乔一琦从川沙迁到南市老城厢，在光启南路乔家路相接的地方建造了一座名为"修仁堂"的宅院，并将他的家属们都接来聚居在这里，以后就有了"乔家路"这个路名。

20世纪40年代工人运动的领导人

乔家路234号有一栋房屋是明代崇祯年间的建筑，距今已有500多年，这里是明代著名的科学家、数学家徐光启的诞生地，他毕生致力于数学、天文、历法和水利等方面的研究，为沟通中西方的文化做出过不朽的贡献。

还有爱国华商领袖陆伯鸿、工商巨头关炯之、报人邹韬奋、海派书画名家王一亭等都曾经是这里的居民。甚至还留下过外国科学家爱因斯坦的足迹。

中华路大名鼎鼎的点心店"乔家栅",是在乔家路凝和路口的老房子里起家,生意做大后搬迁到老西门闹市区。

在乔家路药局弄口还有一座乾隆年代的"药王庙"遗址,俗称"神农殿",从清代开始成为上海最早的慈善机构,是中药同仁公会祭奠神明的地方。

这里还有一处"道教水仙宫"遗址,后来不知道迁到哪里去了。

火警钟楼

南市区天灯弄77号的书隐楼，据传为清乾隆时(1736—1795)江西学政沈初建造，后被郭万丰船号的主人购得，留其后裔居住。书隐楼是上海市区仅存的较为完整的大型清代建筑，占地面积2000多平方米，建筑面积1000余平方米。现被列为上海市文物重点保护建筑。

原中华路581号小南门街道办事处院子里有一座火警钟楼。这个钟楼建于19世纪前后。塔有6层，高37.5米。因南市区人口密集，房屋低矮且都是砖木结构，经常发生火灾。于是救火会请求新船厂建造了这座瞭望塔，在塔顶上能随时观察到整个南市区的火警情况，发生火灾可以及时消除。

1927年3月，南市工人武装起义时，革命者以这座瞭望塔上的大钟敲响为信号，统一行动，一举立了大功。

雨过天晴时，一抹彩虹盛开在天边，瞭望塔像披着五彩云霞的钢铁巨人俯视着大地，美轮美奂。随着城市的发展，高楼大厦纷纷建起，瞭望塔的高度已不再成为优势，便逐渐淡出了消防舞台，现在成为爱国主义教育的基地，经常有游客和学生前去参观访问。

南市区仅这一条乔家路上就有许多旧迹，在老城厢里住过的名人更是数不胜数。正是古时候记载了众多的海派文化，为南市老城厢留下了许许多多很有价值的传奇故事。

这里居住的老人宁愿留在老房子里怀旧，也不愿意搬迁到新建的高楼大厦，他们平时热衷为外来的游客充当义务导游，成为南市区老城厢一道崭新的风景线。

以后，南市区划归了黄浦区，几年后卢湾区也划归黄浦区，从此南市和卢湾的名字在版图上消失，但是南市的陈年故事一直在民间流传，并且会在老百姓的口口相传中不断翻新。

典故述林

DIAN GU SHU LIN

　　大境阁、丹凤楼、仪凤门、十六铺、会馆街……这些字面上也被海派文化浸润的建筑,怎能不令人怦然心动、遐思无限。心动不如行动,为自己勾勒一幅"阁、楼、门、铺、街"的行走地图,背上行囊,转悠在这些写满历史的印迹里,尽情释放你对于老城厢特质历史文化的贪婪和追寻,你会收获盈满心中的感动,成为老城厢的拥趸。

◀ 古城墙大境阁

李伦新

"大境阁"的点滴记忆

据传,上海元代建县时未筑城墙,明代多次遭倭寇侵扰。明嘉靖三十二年(1553),由社会贤达倡议并募资赶筑了一座周长9华里、高2.4丈的城墙,城墙上筑有雉堞3600余个、敌楼2座,沿城墙外面筑有阔6丈、深1.7丈、周长1500余丈的城壕。1557年又增筑敌楼3座、箭台20座。万历年间,倭患平息,县城安宁,便在4座箭台上建造了丹凤楼、观音阁、真武庙和大境阁。

大境阁建在大境箭台上,是一座结构精巧、造型别致的抱厦式三层楼阁,供奉关帝像(原称关帝殿)。1821年总督陶澍登阁观光后亲题"旷观"匾额悬于"熙春台"上;1836年两江总督陈銮游此题写"大千胜境"四字刻于东首石坊上,大境阁因此名声大振。这里冬天赏雪位置极佳,"江皋霁雪"被列为沪城八景之一,成为当时申城的旅游热点。大境阁建成后成为文人墨客云集之处,著名画家吴逃禅、华墨龙、任伯年、朱屺瞻等曾在此阁三层楼作画、会友;著名昆曲教师陈风鸣、丁兰生,票友郁炳生等在二层楼成立过"平声曲社";昆曲家莫舒斋也在这里开办过昆曲学习班;1952年更有应云卫执导、史湘云主演的昆剧《桃花扇》在此阁组团公演,因此有人说站在大境阁的城楼上,耳边会响起昆曲《桃花扇》的经典唱词。

到了清末,上海老城厢经济迅速发展,古城墙已成了阻碍城内外交通、影响社会经济发展的障碍,遂于1912年至1913年间进行拆除。拆城墙的泥土正好就近填没城壕并修筑马路,城墙的南半圈和北半圈分别变为现今的中华路和人民路。由于当年拆城墙填城壕的指挥部"城壕路工事

务所"设在大境阁,一些人要求将其保留下来,以作纪念。于是将九亩地(当时地名)的泥土搬来充填大境阁下这段城壕,才使这段长近50米的古城墙和大境阁侥幸留存至今。

我是1979年4月回到南市区机关工作的。1987年4月当选为南市区人民政府区长,1990年2月任区委书记,1993年3月离开南市调至市文联。我在南市区工作的15年间,和大家一起见证了上海老城厢在改革开放大潮中的那段激情

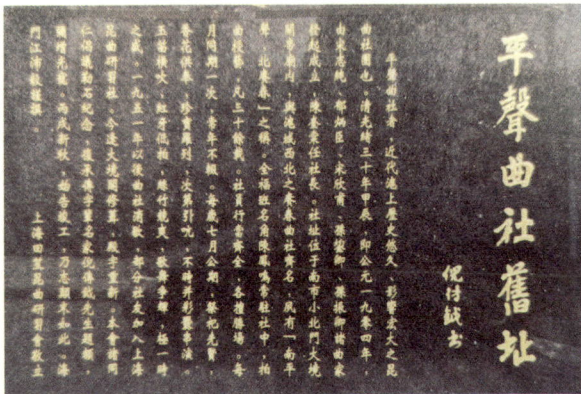

▲平声曲社旧址碑

▲大境阁城墙一

▲大境阁城墙二

岁月，记忆如潮。当选区长的第二天是个休息日，我沿着老城厢的道路步行考察，边看边和路遇的市民交谈，思考着怎么解决一个个历史积存的问题。我提醒自己"应该脚踏实地，担负起应尽的责任，决不能辜负人民群众的信任与期望，不让人大代表后悔投了我一票"。

那时，我们动员相关职能部门从小处着手，新建了一些倒粪站和液化气供应点，并从小南门的引线弄入手试点解决危房改建，让老城厢的居民们看到了希望。在拓宽、重建数条马路后，逐步改善地下市政设施，解决了不少地区汛期或大雨的积水问题。文化建设方面新建了区图书馆，汪道涵老市长题写的"南市区图书馆"六个苍劲大字在当年"下只角"的南市区闪闪发光……然而，出于对老城厢历史文化的情感，让我心心念念的还是何时能将被居民住宅遮没损毁的大境阁和古城墙重新修复展现出来，以彰显上海文化之魅力。

机会出现在1990年上海市第九届

人大三次会议上。当我在小组讨论中谈及上海古城墙和大境阁的过去和现状时，引起大家的关注。于是我表示可以利用午餐后的休息时间陪几位代表到现场看看，没想到报名者众多，我只得借用了一辆大巴车前往。热心关注老城厢保护的郭博(郭沫若之子)、秦怡(著名电影艺术家)等市人大代表视察回来后，提出了"修复开放古城墙大境阁"的人大代表议案，发起人大代表捐资活动。记得当时我捐资410元，这个数字用上海话读音可以是"事业OK"！寓意修复事业一定成功。保护大境阁项目还引起各界人士的重视和参与，在香港的老南市人捐助黄金十两。后来，该议案列入了市人大督办项目，进一步推动了市、区两级政府实施此工程的进程。这里我还想说的是，时任上海市长的徐匡迪同志，在人代会上他是我们南市区代表团的成员，也是这个议案的积极支持者。有一次他在北京开会间隙

从国务院相关部门争取到一笔可用于此项目的文物保护资金，让我们即刻前往联系落实，我高兴得都快跳起来了，要知道当年区级财政有多拮据啊！1992年经上海市计委及文管会批准，各项准备工作就绪后，南市区人民政府开始具体实施修复古城墙与大境阁工程。其间动迁居民31户、单位9个，耗资900多万元。经过3年的努力，1994年12月修复工程全面完成。古城墙和大境阁按原样修复开放，供游人参观游览，给后人留下了上海城市发展值得缅怀的人文记忆地标。

1995年10月"上海老城厢史迹展览"在大境阁二楼开幕，展览分"城墙史话""设置沿革""东南重镇""城厢变迁""步入近代""文昌物华""南市展望"7个部分，以图片、图表、实物、模型、灯箱、置景等多种形式集中展现了上海老城厢700多年间在政治、经济、军事、教育、文化诸方面的变迁及南市的今日和未

▲大境阁城墙三

▲大境阁前城墙上赞颂关帝的"信义千秋"石匾是当年的原物

来。上海老城厢、大境阁抢救性保护项目，抓住了历史机遇，汇聚了社会各界共识，是弘扬江南文化和海派文化的重要成果，也是东方文化与西方文化交流的重要载体，不少外国领导人到上海都很乐意参观老城厢建筑，参与相关文化活动，以此感悟上海城市发展的文化源流。我为自己能参与其中，做了些穿针引线的服务性工作而欣慰。

我从20世纪50年代开始学习写作，对文学一直很有兴趣。从领导岗位上退下来以后，应聘担任了上海大学文学院顾问，立志要为海派文化的研究发展出一份力。大境阁至今依然是我会聚各方朋友、探讨文化课题的极佳去处。在这里坐一坐，喝杯茶，凝视这段历经沧桑的城墙，上海几百年的历史会像过电影般在脑海里一幕幕出现，是一个产生写作火花的好地方，也是我笔耕不辍的动力来源。作为国际化大都市的上海，其文化软实力也在不断提升，相信在新一轮城市更新的探索中，尚存有价值的历史文化资源会得到更加精心的呵护。上海的红色文化、海派文化、江南文化也会得到进一步的挖掘、弘扬和传承，未来可期啊！

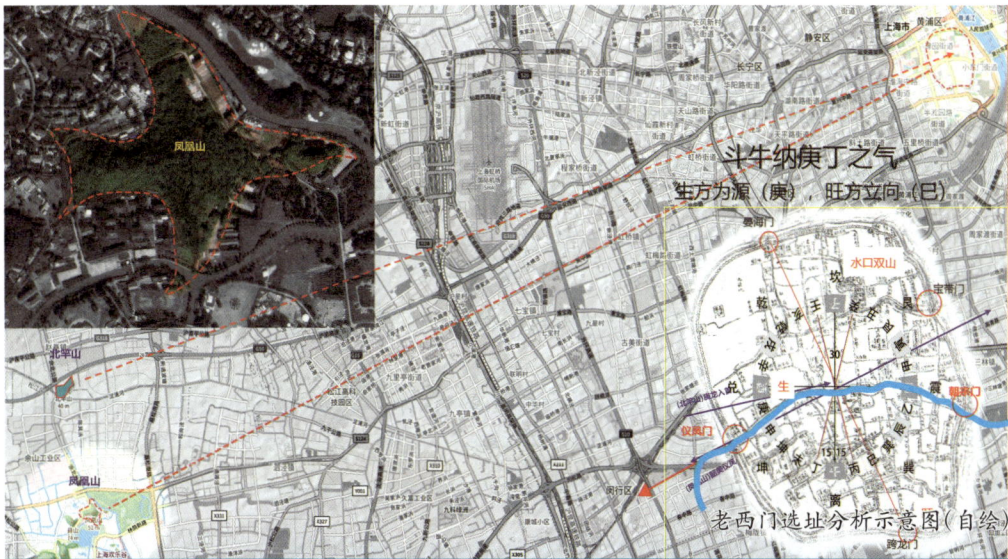

斗牛纳庚丁之气
生方为源（庚），旺方立向（巳）

水口双山

老西门选址分析示意图（自绘）

问名"仪凤门"

赵彦

　　在上海这座繁华国际大都市的发展历史中，上海老城厢如同一颗璀璨的明珠，静静地镶嵌在城市中心地带，时时散发着独特的光芒，处处点缀着历史的痕迹。

　　当我们漫步在老城厢的中华路、人民路上，脚下所踏的，正是有着600多年（明朝嘉靖年间）历史的城壕旧址，其初衷是上海抵御外敌的坚固屏障。上海县自元代建县后长达二百六十余年间

▲ 老西门现状（自摄）

并未构筑城墙，随着倭寇的频繁侵扰，上海县治陷入了前所未有的社会危机。为了保障民众的财产安全，松江知府方廉采纳了顾从礼的建议，决定筑城御寇。而在营城选址的过程中，老西门以其独特的选址过程和地域山水文化特色，扮演了关键时空锚点的角色，不仅成为上海县治城防体系的西大门，更是连接内外、交通古今的重要人文符号。然而，随着城市的不断扩张和发展，仪凤门和其他城门一样，逐渐淡出了人们的视线。在西南方位增设尚文门后，为了区别新、旧西门，老百姓冠以"老"字来称呼原来的西门，并逐渐固化

这一称呼。如今，"老西门"已演化为该地区记忆、符号和地标，而"仪凤"之名则慢慢消逝在历史长河之中，其命名源流更是鲜为人知。

嘉靖三十二年（1553），在"以忠诚之心，集众思之议"的号召下，仅用三个月时间，这座雄伟的城墙便拔地而起。城墙初设六座陆门，分别按东、南、西、北四方命名为宝带门、朝宗门、朝阳门、跨龙门、仪凤门和晏海门。此外，还设有四座水关，它们如同城市的脉搏，连接着内外，交通着古今，寄托着人民对美好幸福生活的无限向往。其中，"仪凤门"（西门）因其独特的地理位置和建筑风貌而备受瞩目。"仪凤门"由城台、城楼、瓮城、水门、城壕、吊桥和马面等建筑要件构成，是老城厢防御体系中的关键点位。

"仪凤"二字，顾名思义，与中华民

▲ 清代老西门瓮城及水关旧影（洛杉矶艺术博物馆藏）

族的"凤"文化紧密相连。然而，其内涵又远不止于"凤"本身，而是蕴含着丰富的自然、文化与历史意蕴。在中华民族的传统文化中，"凤"是吉祥、高贵与和平幸福的象征。甲骨文中，"凤"与"風"相通，这反映了古人对生命自然现象的早期感知。中国大陆季候风的直观感受，以及悠久的农业发展史，使得古人将"凤"视为天地的使者。而候鸟知风往返的生命现象，更让古人将"凤"视为

儀鳳歌

儀鳳歌者周成王之所作也成王即位用周召
畢榮之屬天下大治殊方絕域莫不蒙化是以
越裳獻雉重譯來貢太平之瑞同時而應麒麟
游苑囿鳳皇翔舞於庭頌聲並作僉然大同於
是成王乃援琴而鼓之曰鳳皇翔兮於紫庭余
何德兮以感靈賴先人兮恩澤臻於晉樂兮民

▲《仪凤歌》(汉代蔡邕《琴操》书影,清嘉庆宛委别藏本)

风神的化身。仪,度也,"仪凤"即度风,量风。有了人的参与,"仪凤"之名则不仅体现了对自然规律的敬畏与追求,更蕴含了深厚的人文内涵。在《仪凤歌》中,"虞韶美而仪凤兮,孔忘味于千载"的诗句,以韶乐为媒,为"仪凤"赋予了深厚的人文内涵。同时,"仪凤暗合八音",通过"三分损益"与"十二管律"的内在数学规律,促进了礼乐制度的形成,使"风"逐渐具备了传递情感、教化流行的文化功能。

在中华文化传承中,"仪凤"二字被广泛应用于园林、津梁、牌坊、楼阁、城门、山岳、年号等的命名中。如西晋洛阳仪凤楼、隋西苑的仪凤院、明湖州仪凤桥、明徽州仪凤坊、明南京仪凤门,以及高丽王国的仪凤门等。唐高宗仪凤年间"柳毅传书"的故事,《隋史遗文》中秦叔宝因与人往长安看凤凰灯而打死强抢民女的宇文公子,以及《红楼梦》中宝玉为潇湘馆的题名"有凤来仪"等都不断丰富

▲ 南京仪凤门旧影

着"仪凤"的文化内涵。这些命名不仅体现了对"仪凤"文化的传承与弘扬,更见证了中华民族在不同历史时期的文化繁荣与发展硕果。

　　由于筑城前的上海县治已初具市镇规模,并非从零开始,老城厢城墙蜿蜒环绕的自然形态似乎与人们对古城形态的刻板印象大相径庭,难以一眼洞察其精妙之处。然而,当我们将大北门与大南门,老西门与大、小东门的连线中点相连时,会发现形成了十字垂直的关系,这正是古人营建城市时精心确定的"天心十道",它揭示了上海县城的真正坐向与天心落点。明代在营城选址时,主要依据"双山三合"理论来确定坐向,体现出对自然山川的敬畏与尊重。建城之初,设计者首先利用天盘观测城址的出水口。上海县域地理特点鲜明,"前有蒲汇塘,后有吴松江,两水夹流,龙气清湛",加之"南瞰黄浦,北枕吴淞,大海东环,九峰西拱",从而判断出永乐年间疏浚的黄浦江北流东转,出水口位于县治东北双山"癸丑"方位。随后,通过逆排地盘"十二长生",进一步判断县治山脉来龙方位的吉凶,以此来推断合适的坐向方位。据胶人徐素书记载,"海邑发源始于浙之天目,直奔太湖迤逦趋南,小顿于九峰间，纡折至沪渎，真有万马奔腾之势。"上海县从华亭析出后，"虽云间以九峯胜而山之在县境者唯(北)嶛山、福泉而已"，其中(北)嶛山位于凤凰山北，顾会浦东，成为上海县境的起始点。若县治方位能与(北)嶛山形成"庚龙入首"的关系，则对应逆排吉凶的"生位"，属"生龙"，这在古人眼中是极为吉祥的布局，被誉为"斗牛纳庚丁之气"。依据"生方为源(庚)，旺方立向(巳)"的原则，可确定县治北偏西-南偏东(亥巳)和东西(申寅)的天心十道。而十道要求前后左右有应照之山，西南方位唯有松江府镇山、九峰之首的凤凰山符合要求。经过多项条件交叉筛选，最终找到了既符合(北)嶛山"庚龙入首"，又符合"申山寅向"凤凰山的县治明堂天心落点。

接下来便是圈城设门，须综合考虑县城规模与城防要求，精心安排城墙与天心十道的交点，即城门位置，尤其是西门的选择尤为关键。上海县治中的肇嘉(家)浜作为连接松江府城与上海县的重要粮运航道，具有极高的城防战略价值。天心十道东西连线与肇家浜的交叉点成为理想的西门选址区域。以老西门为基点，肇家浜位于明堂天心之南，与大、小东门形成夹峙，形成所谓"坎局"。坎卦象征水，生数为六，两阴爻在外，一阳爻在内，寓意行险用险，期盼以智慧与勇气化险为夷。在此布局中，肇嘉浜被比拟为坎局中的阳爻，东引浦水入朝宗门(大东门)水关，经多座桥梁后出仪凤门(老西门)水关，直通蒲汇塘。而肇家浜北、南两侧的方浜和薛家浜则对应两根阴爻，仅从城东设水门进城，不直接从西侧城墙穿出。西门"仪凤"和东门"朝宗"分别位于这根阳爻的西、东两端，并各配有一座水门。环城共设六座陆门，除天心十道对应的大北门-大南门、老西门-大、小东门外，还因地制宜地增加了配有水关的小南

门,数量上呼应卦象生数六,从而形成周回九里的县治城池防御体系。上海县因形胜九峰西拱、三面环海,老西门正对凤凰山——九峰之首、松江府的镇山,故得名"仪凤",取"韶美仪凤于山"之意。大东门扼守肇家浜东端,取"江汉朝宗于海",象征小水汇入大海,故得名"朝宗"。老西门与大东门这两座城门,不仅在水脉上东西联通,更展现出上海先民朝山向海的胸襟与气度。

"仪凤门"作为上海城墙不可或缺的组成部分,不仅是营城选址时定向的标志性时空坐标,在嘉靖年间,更是人民筑城伟业中"集众思之议"、精心选址过程的生动实践,其背后蕴含着人民对自然的深切敬畏、对悠久文化的坚定传承、对社会和谐的巧妙应对以及对美好生活的无限憧憬。"仪凤门"见证了上海城市从风雨飘摇到繁荣昌盛的变迁与发展历程,承载了无数人的记忆与情感,成为了这座城市不可或缺的历史见

▲ 1937 年的肇家浜(引自 Historical Photographs of China)

证者。多年后,文庙迁入老西门内,与众多书院汇聚一堂,共同续写"韶音悠扬,孔学昌盛"的西门传奇新篇章。这里代有人才辈出,不断为这片土地注入新的活力与智慧,使老西门地区成为文化繁荣与学术交流的圣地。尽管城门已不复存在,但"仪凤"的精神与内涵却如同璀璨星辰,永远在上海的夜空中闪耀,激励着后来者不断前行,追求更加美好的未来。

他见证了

福民街与福佑路的变迁

赵红羽

▲ 陈雷龙与伞结缘

▲ 市民志愿者陈雷龙

　　20世纪90年代初,福民街还是个马路市场,横一条街、竖一条街的,街连街、摊挨摊,几百个占用马路的摊位挤在原本就非常逼仄的弄堂里,这里汇聚着小商品经营者、货物运输车辆、熙熙攘攘的客流和人流,整天人声鼎沸。而福佑路,作为连接福民街的重要通道,虽然当时还未完全开发,但已显现出其独特的地理位置优势,预示着未来的发展潜力。对初来乍到的"沪漂"们而言,这里的一切都充满了机遇与挑战。

　　刚满18岁的陈雷龙,在老家浙江温岭砖瓦厂经营失败,投入的资金血本无归。他独自一人坐了16个小时的大巴车,从老家来到了上海豫园闯荡,希冀找到一线生机。来到

人生地不熟的大都市,他租住了典型的上海弄堂房子,上海阿姨爷叔们亲切的关怀,让他一个外乡人感受到温暖,也激发了他在上海生存下去的决心。

卖箱包、卖领带……陈雷龙的经营策略就是"哪里有需求哪里就有市场"。经过一段时间的市场调查,他把目光最终聚焦到了"卖伞",从此,"20多年来,做着同一件事"。

在豫园扎根创业后,陈雷龙见证了小商品市场的快速发展。1994年,原南市区启动了福民街小商品市场"引集入室"项目改造。1998年,福民街小商品市场正式迁入楼高六层的福佑商厦。

到了2000年,市场更加规范,摊位管理有序,商品种类也更加丰富。

在此前后,福佑路周边如雨后春笋般建成了一栋栋新型商业大楼,形成了豫园新商圈,彻底改变了露天小商品市场狭小、拥挤、脏乱差的局面。随着周边商业环境的提升,此时的福佑路逐渐成为了连接多个繁华商圈的重要纽带,

▲万商云集的福民街小商品市场

▲改革开放后开辟的福民街小商品市场

191

▲福民街小商品市场

交通更加便利，人流如织。

这些变化为陈雷龙的公司提供了良好的外部环境，使得他的业务能够迅速扩展，市场份额稳步提升。而陈雷龙也在福佑门商厦买下了属于自己的商铺。

谈起刚开始创业时的经历，陈雷龙感慨道："刚开始创业的时候，因为产品质量不过关，加上从来没有个体户卖雨伞，顾客不认可，经营并不顺利。那时候还是新千年来临之际，人们都沉浸在新世纪庆祝的狂欢之中，我却躲在办公室里深思熟虑，冷静地思考如何提高伞的质量。"

为改变这种现状，陈雷龙努力研究产品技艺，从产品质量和伞的花型上下功夫，把中国古老元素融进制伞的工艺里。2000年开始，生意有了起色，陈雷龙一鼓作气成立了公司，注册了"百盛洋伞"的商标品牌，专业生产各类礼品伞、市场伞、广告伞。公司总部设在上海市黄浦区，工厂位于浙江东阳，厂房面积5000多平方米，员工200多人。自创建以来，已有专业生产、经营各类伞的加工基地与专营店；公司拥有系统的管理机制、群策群力的团队精神。

在一次家族聚会上，陈雷龙为90岁的外公挑选了一把长柄拐杖作为礼物，外公对他说，假如能有一把雨伞既能当拐杖又能当雨伞，下雨天出去的时候会更方便。于是，陈雷龙就跟供应商沟通设计出了一款名为"拐杖伞"的新产品。但当时因为没有知识产权意识，所以并未申请专利。2014年公司与东华大学结对合作之后，陈雷龙又把产品改良，结合磁疗功能，双方共同研发了"一把具有阳伞功能的磁性手杖"，并获得了国家发明专利。

经过数年的努力打拼，陈雷龙的公司开始盈利，他决定回馈社会。他带领全家还有员工参与志愿服务，在一次服务中下起了大雨，当时的志愿者马甲既不保暖也不防水，志愿者个个从里到外湿透，冻得发抖。当时陈雷龙就想，志愿者们服务社会这么辛苦，企业有责任为志愿者做一些贡献。于是，按照志愿者的服装样式，陈雷龙公司不惜成本，用既透气又防水且具有自净功能的原料制作了一大批马甲，然后捐给市志愿者协会。"没有想到，这次尝试让我们的产品得到了社会的高度肯定，公司也打开了防水服装销售的路子。"陈雷龙表示，他至今都不会忘记这段经历。

时代进入2020年，随着"一街一路"发展策略的推进，福民街小商品市场和福佑路迎来了前所未有的变化。"十四五"期间，黄浦区对豫园老城厢区域提出了"最具江南民俗特色、兼具商贸活力与人居品质的文商旅居功能融合区"的更高定位，打造"10分钟社区生活圈""一街一路"示范区的更高要求。

市场进一步升级，引入了更多智能化、现代化的管理手段，商品品质和服务水平得到了显著提升。福佑路则变得更加国际化，吸引了众多国内外游客和投资者。这些新变化为陈雷龙的公司提供了更加广阔的发展平台，他的企业也因此得以在更高层次上参与市场竞争，实现了跨越式的发展。

随着时代的发展、社会的进步，福佑路将迎来新一轮的变革与更迭。在福佑路上工作、经营了20多年的陈雷龙他们也将接受时代风暴的洗礼，转型发展，见证豫园在这片神奇的土地上破茧成蝶、华丽转身。

丹凤传奇：
上海古城深处的历史瑰宝

华夏

丹凤楼
——上海天后宫的主楼

在豫园商城东面，有一条别具韵味的小路——丹凤路。它北起人民路，南至方浜中路，因曾经的丹凤楼而得名。如今，古城公园东北角便是丹凤楼的遗址所在。

据记载，公元1271年，福建海运商人在上海十六铺的黄浦滩边筑起一座顺济庙，供奉天后女神。出海之人皆到此烧香膜拜，祈求女神护佑海舟。此庙主楼形似振翅欲飞的丹凤，故而得名丹凤楼，时任上海市舶司的陈珩亲题"丹凤楼"楼匾。元末，庙因年久塌毁，楼匾被进士陆文裕在楼倒前及时收藏。

1553年，上海筑城墙抵御倭寇袭扰，城墙上设6扇城门与4座箭楼。20年后，倭患平息，有人提议在城墙近黄浦江边的万军台箭楼上重建丹凤楼，这一建议获各方支持。1587年，丹凤楼重建完工，陆文裕收藏的楼匾再度现身楼内。出资人侍御史秦嘉楫作《改建丹凤楼记》，并刻成石碑立于庙中。

▲陈珩亲题丹凤楼匾额

▲同治元年重修后的天后宫丹凤楼

在豫园商城东面，有一条别具韵味的小路 —— 丹凤路。它北起人民路，南至方浜中路，因曾经的丹凤楼而得名。如今，古城公园东北角便是丹凤楼的遗址所在。

据记载，公元 1271 年，福建海运商人在上海十六铺的黄浦滩边筑起一座顺济庙，供奉天后女神。出海之人皆到此烧香膜拜，祈求女神护佑海舟。此庙主楼形似振翅欲飞的丹凤，故而得名丹凤楼，时任上海市舶司的陈珩亲题"丹凤楼"楼匾。

1587 年，丹凤楼重建建成，陆文裕收藏的楼匾再度现身楼内。出资人侍御史秦嘉楫作《改建丹凤楼记》，并刻成石碑立于庙中。

元末，庙因年久塌毁，楼匾却被进士陆文裕在楼倒前及时收藏。

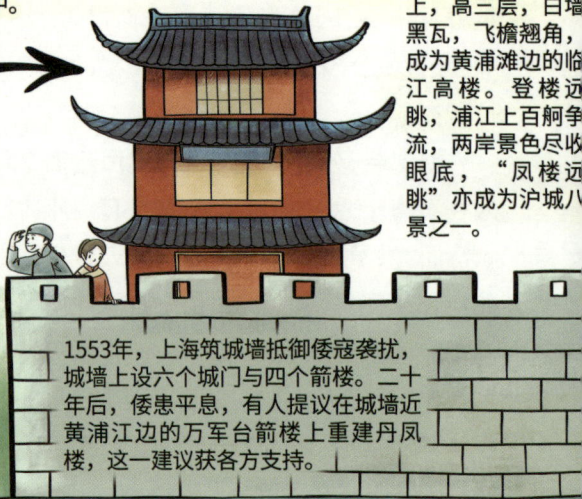

万军台上的丹凤楼，耸立于城墙之上，高三层，白墙黑瓦，飞檐翘角，成为黄浦滩边的临江高楼。登楼远眺，浦江上百舸争流，两岸景色尽收眼底，"凤楼远眺"亦成为沪城八景之一。

1553年，上海筑城墙抵御倭寇袭扰，城墙上设六个城门与四个箭楼。二十年后，倭患平息，有人提议在城墙近黄浦江边的万军台箭楼上重建丹凤楼，这一建议获各方支持。

丹凤传奇：上海古城中的历史瑰宝

丹凤传奇

1855 年，上海沙船巨商出资修复

然而，1853年丹凤楼在小刀会起义战争中被烧毁。

却因太平军东进，即将竣工的丹凤楼再度毁于战火。此后，祭祀天后活动改在商船会馆举行。

1912 年上海拆城墙，万军台亦消失不见。唯有丹凤路留存至今，勾起人们无尽的回想。据说，昔日的"丹凤楼"三字匾额现保存于上海历史博物馆。

南 **丹凤路** 北
S Dan Feng Rd. N

在洋建筑风靡上海的时代，黄浦江边早于外滩建筑博览群五、六百年前，华人先祖就已建起远眺大洋、护海佑民的丹凤楼阁。这座独特的层楼式道教建筑，打破传统殿堂式样式，引领潮流。让我们为重塑上海国际大港的文化源头而振臂，为凤楼再眺远洋而自豪！

▲《申江胜景图》中的丹凤楼

▲19世纪50年代的天后宫丹凤楼

▲当今地图(可见丹凤路)

▲上海古城墙

▲清《三姑对弈图》，左边是黄浦江，右边是上海城墙，建
在城墙上的楼就是天后宫的丹凤楼

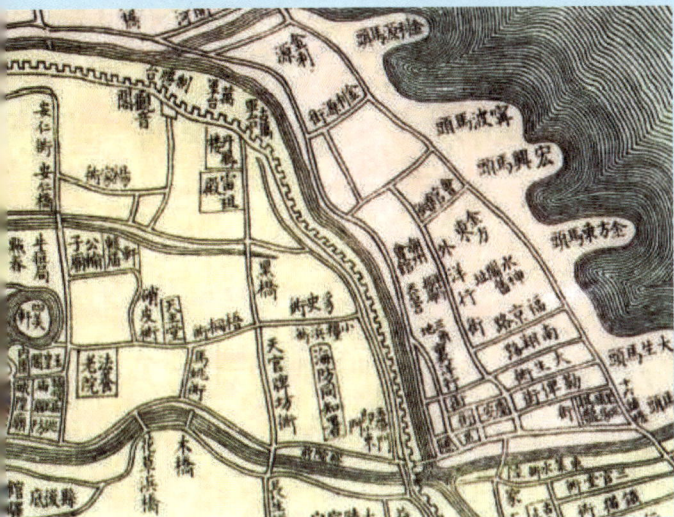

▲老地图（可见丹凤楼、万军台）

▲20世纪初的天后宫丹凤楼

▶原丹凤楼共有3层,最上一层是魁星阁,祀文昌帝君,二楼关帝祠,祀关羽。楼下雷祖殿,祀雷神,并祀36天将

◀今尚存的丹凤路路牌

万军台上的丹凤楼,耸立于城墙之上,高三层,白墙黑瓦、飞檐翘角,成为黄浦滩边的临江高楼。登楼远眺,浦江上百舸争流,两岸景色尽收眼底,"凤楼远眺"亦成为沪城八景之一。

然而,1853年丹凤楼在小刀会起义战争中被烧毁。1855年,上海沙船巨商出资修复,却因太平军东进,即将竣工的丹凤楼再度毁于战火。此后,祭祀天后活动改在商船会馆举行。

1912年,上海拆城墙,万军台亦消失不见。唯有丹凤路留存至今,勾起人们无尽的回想。据说,昔日的"丹凤楼"三字匾额现保存于上海市历史博物馆。

在洋建筑风靡上海滩的时代,要知道在外滩建筑博览群建立前的五六百年,上海先民就已在黄浦江边建起远眺大洋、护海佑民的丹凤楼阁。这座独特的层楼式道教建筑,打破传统殿堂式样式,引领潮流。让我们为重塑上海国际大港的文化源头而振臂,为丹凤楼再眺望远洋而自豪!

（根据有关资料整理）

旧校场路

老路名演绎的光阴故事

张炜炜　王洁雯

　　路名往往承载着一个城市的历史记忆，后人可以通过它重拾城市的记忆遗产。随着新一轮城市建设的推进，一批极具历史意义的"老地名"和它们所代表的城市记忆遗产正在加速消亡。虽然如此，还是有那么一群人用特殊的方式将记忆留存并传承。走进豫园街道社区文化活动中心，一面精心雕刻的老路名窗架映入眼帘，县左街、花草弄、光启路……老路名勾起的是回忆，是乡愁。

　　豫园老城厢的路名，一类是以建筑命名的，如"大境路""露香园路"；另一类是以行业命名的，如"王医马路""硝皮弄"；再有一类是以历史名人命名的，如"傅家街""光启路"。还有些路名因建筑、历史的变化而改名的,如"天主堂街"(今梧桐路)、"豫园路"(今豫园老街)。而路名背后,还有一些有趣的故事,令人回味。

老城厢的"三牌楼路",过去这条路上真的有三座牌坊。它们记录了刘氏一族跌宕起伏的人生。相传明朝时期,刘氏家族出了一对兄弟,哥哥刘铣、弟弟刘钝。刘钝因哥哥贪污一事代替刘铣坐牢,狱中又因自己的才华而被官府释放,自此不愿再为官。后来刘钝的儿子刘玙中了举人,为了纪念父亲,刘玙建立了"昼锦坊"和"应奎坊",刘玙的弟弟刘琛也在此建了一座"清显坊"。三牌楼路就得名于刘家这三座相连的牌坊,也是老城厢最早建成的道路之

一。现如今三座牌坊已经无迹可寻,但其背后的故事依然在坊间流传。

说起老城厢,不得不提方浜路。此路在1914年以前还是一条贯穿老城厢东西的河浜,就是这么一条弯弯曲曲的河浜把老上海城区的精彩内容串连在一起。人们可以在黄浦江乘船进水门,泛舟方浜一直到城隍庙大门前的庙前街上岸,然后"白相城隍庙"——进香、购物、小吃。还可以经长生桥、如意桥

▲ 河南南路

▲露香园路

▲傅家街

或陈士安桥跨过方浜到县衙办事,到文庙求圣人保佑高中。如今被填平的方浜转变成方浜路,贯穿老城厢东西的道路称之为方浜中路。路中段是一幢幢明清风格的建筑,黛瓦粉墙、红柱飞檐;古戏台以东的东段保留了民国二三十年代的"街市",老街两侧屋顶上马头墙时隐时现,花格门窗精巧玲珑。

　　与方浜中路相交的,有一条长约200米的老马路——旧校场路,这是一条有故事的老马路,明代时期曾是驻兵演武之地,盛极一时的小校场年画就诞生在这里。经过升级改造,现在的旧校场路已经重装上阵,变身"国潮"快闪街。"校场"快闪街区是融合传统东方美学、现代潮流风尚和创新商业业态的一次尝试,保留了旧校场路的文化痕迹和精神内核,同时迎合年轻群体的视觉喜好与生活方式,以"集装箱"取代了传统的品牌花车。各种国货品牌争先登陆,为人们带来穿古越今的沉浸式体验。

　　旧校场路往北走,就来到了豫园地区一条重要的商业街——福佑路,边上是鼎鼎有名的豫园花园、著名的豫园小商品市场、清幽雅致的古城公园……中国人喜欢讨口彩,而福佑路则照拂着豫

园,它也被称为豫园商圈"金腰带"。如今走在福佑路上,路面上镶有各种字体的"福"字,堪称名副其实的"走福路",这也是豫园街道福佑路"一街一路"项目成果之一。该项目从梳理空间形态着手,对福佑路沿街两侧立面、道路铺装、绿化景观、公共设施等进行精雕细琢,以环境整治、文化传承、功能重塑、治理创新为核心,以"走福路、观福景、逛福市"为主题,打造"一福路、三福景、五福巷、一善坊"场景,提升街区整体风貌,促进"文商旅居"多元功能复合提升。

老路名虽然在不断翻新着,却依然镶嵌在城市的街道上,犹如一颗颗璀璨的珍珠,这无一不慢慢演化成一种文化,从中反映着上海海纳百川、追求卓越、开明睿智、大气谦和的城市气质,使路名成为城市的名片。

路名既是城市发展的结果,又反过来记录城市发展的独特之处。而老路名的发展,也绝不是照搬照抄,而是合理的保留,既反映着城市社会文化演进,也标写着城市空间布局的变化,使城市的发展塑造更具历史层次。

▲文化中心窗架

▲福佑路

▲ 商船会馆

商船会馆和会馆街

周力

上海是座移民城市，千山万水来到这个码头，同乡要有个组织。现在叫同乡会，以前就建会馆。别的不说，以"会馆"命名的马路街道，在老南市就有不少：会馆街、会馆码头街、会馆后街、会馆弄，等等，不一而足。搞不清楚这些"会馆"的含义，贸贸然找过去，很可能南辕北辙。比如"会馆街"和"会馆弄"在地理位置上就离得好远，会馆街在赖义码头街到多稼路之间，是以商船会馆命名的；会馆码头街、会馆后街，是由会

馆街衍生出来的；而会馆弄在外马路到中山南路之间，是因原泉漳会馆而得名的，原名泉漳会馆街。一街一弄，坐公交车要一站多，走的话要好一会儿。

会馆街上的商船会馆旧址，是上海老城厢的珍贵遗址，也是传承历史文脉的重要象征，更是上海"以港兴市"的重要见证。上海曾经拥有248座会馆，其中建筑格局与形制最大、号称"极缔造之巨观"的，就是商船会馆了。

如今的商船会馆，"会馆"这个机构

早就不存在了，但建筑还在，地址写的是会馆街38号，其实会馆街、会馆码头街、会馆后街……都已经找不到了。即使动用导航，也要绕一大个圈子。改建后的商船会馆在绿地中心内部，古朴典雅的传统建筑在一大片新建的高楼大厦中，倒显得卓尔不群。

会馆成立的年代，距离上海开埠还有一百多年，那时的上海，还远不是后来那座"海纳百川"的移民城市，但那时候的上海已经有很发达的商业航运业。商船会馆设立于清康熙五十四年（1715），由沙船业集资兴建，因航海都要拜天后，就在沪南马家厂以北，即今会馆街一带建造会馆祀神，占地近20亩，平时兼作聚会、商务的场地。每逢农历三月二十三天后诞辰，各商号要演剧敬神，有会众还愿的，也会演戏。清乾隆二十九年（1764），商船会馆建造了大殿和戏台，以及南北诸厅，之后又陆续建造了看楼、拜厅、钟鼓楼等。由于护漕有功，商船会馆还曾获得朝廷御赐的"泽被东瀛"匾额。

商船会馆内有双合式大殿，殿前为两层楼戏台，上有八角形藻井，殿前左右两侧各建两层楼的厢房作为看戏用。殿后则有集会议事的大厅，殿右有会务楼。戏台前有高大的方砖砌门头。会馆正门的外形类似城门，雕刻着"商船会馆"的字样。大殿内曾经设有神龛，供奉天后神像。因为历史的变迁，商船会馆经过多次整修重建，很多

▲商船会馆里有"国泰民安"的匾额

207

▲古典园林公园中商船会馆的一座古结构建筑

原物原件已无从寻觅，但建筑的格局和框架没有大的变化，仍可感受到清代建筑的神韵。

道光年间，漕运改为沙船海运，上海的沙船业得到迅猛发展，沙船数量猛增，商船会馆一跃成为各会馆公所之首。随着上海开埠，万商云集、百业鸿开。以沙船为大宗，各船商设立字号，往来于牛庄、烟台、天津等地。

然而在随之而起的大时代，轮船业逐渐取代传统的沙船航运，商船会馆业随之没落。太平天国运动和小刀会起义期间，会馆受到一定影响，外国军队曾驻扎于此，江南制造局也用过会馆的房子，直到清同治七年（1890）又重新大修。

随着上海产业结构的变化，沙船业辉煌不再。而1890年重建的商船会馆经过战争的洗礼和时代的变迁，逐渐变得破败。1907年（清光绪三十二年），会馆附设商船小学，后改名商船商业补习学校，于1925年改建新屋，1930年，会馆改组为沙船号业同业公会，会馆的功能逐渐被取代。新中国成立后，商船会馆一度驻扎部队，大殿成为街道办的幼儿园和工厂，南北厢房的一部分曾是海运局的职工宿舍。

1954年，延续239年的商船会馆正式结束。1956年商船小学更名会馆街小学。1978年这里又改设幼儿园，称会馆街幼儿园，再之后华光五金厂入驻。1980年商船会馆曾被列入拆迁范围，计划建造职工宿舍，但因其上海市第一批文物保护单位的身份而免遭拆除，会馆的门枋、戏台、大殿、北厢房得以幸存。虽然是上海著名的文物建筑，但商船会馆早已无复当年的神采，它像风烛残年的老人，奄奄一息。

就这样到了21世纪，商船会馆作为珍贵的上海历史文化地标正式开始修缮，以新的面貌出现在人们面前。越来越多的人了解到商船会馆的历史价值：它是上海最早的同业会馆之一，也是上海一座保存完好的古典园林公园，更是上海唯一一座拥有全木结构建筑的公园。任何一项，都弥足珍贵。305年的历史尘烟，在这里汇聚。

作为上海最有历史的建筑之一，从飞檐翘角的外观到承载屋顶的斗拱，其中的每一块砖石、木材和雕刻部件，都是按照图纸从老建筑里搜找而来再进行加工的，目标就是传承历史文脉、打造上海文化新地标。平时，商船会馆并不对外开放，只有特定活动时才有机会进内一窥堂奥。不过周围的会馆公园树木葱茏，有奇石流水，映带左右。富有江南园林特色的亭台楼阁，吸引着来来往往的行人。

只是，你还要打听"会馆街""会馆码头街""会馆后街"等地名，可能已经找不到了。新的地标名字是"外滩""中心"，历史展开了新的一页。规划中，未来的董家渡地区要建成"7 × 24小时金融不夜城"，商船会馆、董家渡天主堂、沈宅等文化地标，将成为外滩新图谱上的亮点。如果有机会进入商船会馆参观，除了金碧辉煌的戏台藻井，不妨在大殿前伫立片刻，抬头看看匾额。

在那上头，写着四个大字：国泰民安。

学院路：上海第一街

徐家俊

▲旧时的学院路街景

如今，人们谈起上海繁华热闹的南京路，往往称它为"上海第一街"。如果从上海长期的历史发展来看，最早称之为"新衙巷"，而今位于黄浦区城隍庙附近的学院路，才堪称名副其实的上海第一街。

元代至元二十九年(1292)设上海县。县衙初设于镇署，其址在当今的小东门外咸瓜街老太平弄处。1301年上海县遭台风袭击，浪潮冲毁了县署，县衙向西迁移至今老城厢四牌楼路以西、三牌楼路以东、学院路以北，县左街、昼锦路以南的地区。明清时期县衙曾经多次改建扩建。至清乾隆年间，县衙建成集行政、司法、监狱为一体的建筑群。同时上海老城厢也有一个发展扩大的过程。在明《弘治上海志》中，记载了上海老城厢的5条街巷，分别是新衙巷（今学院路）、新路巷（今望云路）、薛巷（今薛弄底街）、康衢巷（今光启南路）、梅家巷（今梅家街和东梅家街）。新衙巷为上海老城厢的5巷之首。据《嘉靖上海县志》中记载，上海老城厢除了以上5条街巷外，又增加了观澜亭巷、宋家湾、马园弄、姚家弄和卜家弄。这种格局延续至明末清初，上海县城一直仅有10多条小街巷。据清康熙《上海县志》的记载，当时上海的街巷已达到25条之多，到嘉庆二十一年(1816)，上海县城已有包括黄家弄、俞家弄在内的63条街巷。到鸦片战争前夕，上海老城厢大街小巷共有百余条，其中学院路在老城厢中仍处于重要地位。

由陈征琳等主编，上海社会科学院出版社1998年出版的《上海地名志》，对学院路的沿革做了如下介绍："学院路在南市区中部偏东。东起东街，西至三牌楼路，长469米、宽8.7～11.4米。因在原上海县署南，西段曾称县西街、院西街，中段曾称县东街、院东街，东段曾称老学前街，曾名县前横街。后以原敬业书院改名学院路，沿路为住宅。"显然，上述《上海地名志》中学院路的这些旧称还不是全部。经初步统计，今日学院路的旧称最初的路名是新衙巷，后相继改称新衙街、新衙前、县前街，西段曾称县西街、院西街，中段曾称县东街、院东街，东段曾称老学前街、旧学前街。在上海700余年的城市道路发展史上，古老的学院路，算得上是上海一条拥有旧路名最多的马路。

600多年来，学院路位置显耀，背靠上海县衙，一直是县衙前面最重要的一条马路。早在明正德十六年(1521)把乡贤祠改建为仰高书院，院址就在今学院路。多家商铺、娱乐场所均设立在两

▲南车站路看守所，即上海第一看守所监舍
楼

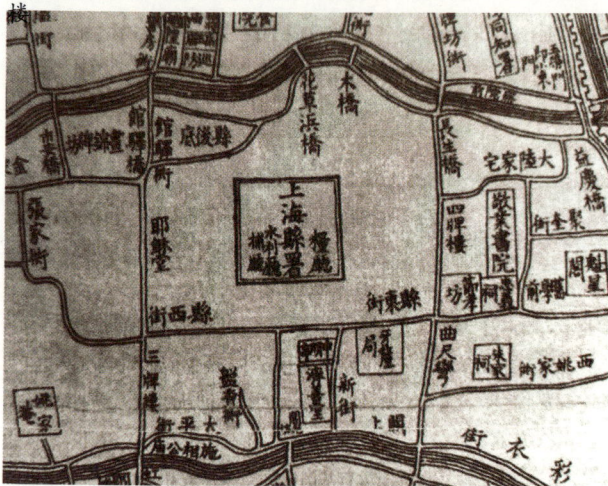
▲1884年的老城厢地图

旁，文庙、学馆也设立在学院路。上海最早的文庙可追溯到南宋景定年间。元代上海建县后，上海的文庙经过多次迁建、重建、扩建。到清康熙年间，上海文庙建筑发展到最大规模，文庙大门开在今学院路四牌楼路的交叉口处，坐北朝南。一进入大门就有宽敞的甬道，甬道竖有宣化坊、崇礼坊、泽民坊、集庆坊四座石牌坊，还有蕉石堂、洗心亭、盟鸥渚、舞雩桥等建筑，俨然是一座漂亮的城市园林。清咸丰三年（1853），上海知县袁祖德在文庙举行隆重的丁祭仪式时，义军首领广东人刘丽川带领小刀会乘机起义，把上海道吴健彰控制起来，并杀死了上海知县袁祖德，攻占了上海县城。刘丽川即以学院路上的文庙为指挥部组织和领导义军进行反清斗争,1855年小刀会义军失败,文庙被夷为平地。后来选址上海西门内原游击营署废址上重建。新中国成立后,人民政府先后多次拨款重修文庙。

在上海历史上具有较大影响的广方言馆原址在今学院路四牌楼路口,于清同治二年二月初十(1863年3月28日),由江苏巡抚李鸿章奏请仿京师同文馆之法在上海设立,它是近代上海最早的外语学校,学生初定40名,后续有增加,最多时有80名。初年龄限14岁以下,后改为15岁以上。广方言馆创办6年后,于清同治八年(1869)迁址于今制造局路江南机器制造局旁的新馆。

学院路曾经是上海最繁华的街道,到了上海开埠,建立租界后,其地位大大衰弱,后在马路两旁建起不少石库门弄堂,其名称往往称作某某坊、某某里、某某弄、某某宅、某某村等,但较少称为某某胡同的。但是在学院路上就有建于清光绪二年(1878)的一个叫"五福胡同"的地方,即今天的学院路134弄。在《宣统元年上海指南》一书中可查到"五福胡同"的条目。由商务印书馆2018年出版的《上海石库门文献选辑》中,也记载该里弄的基本情况。它是一组很有特色的石库门里弄群,该里弄群中有7幢不同特色的房子。该里弄的隔壁就是建于1933年的"可爱里"。目前学院路的不少里弄及沿街房屋的住户被搬迁,房屋将面临拆除,不久的将来,古老的学院路将旧貌变新貌。

曾经的南车站路看守所

徐家俊

1840年鸦片战争爆发，1843年上海开埠，上海相继形成了公共租界、法租界和华界三块地域，并形成了三个各自独立的行政区域。

1911年10月，辛亥首义，推翻清王朝。上海华界光复后成立沪军都督府，吴馨任县民政厅厅长（次年改称县知事），黄庆澜任县司法长。上海县仿照西方政体，在上海都督府下成立司法署，署址在原上海县衙。1912年司法署分别改组为上海地方审判厅，配置上海地方检察厅，前者相当于法院，后者相当于检察院。机构虽然更名，但是审、检两厅仍然在县衙内。因为地方狭小，影响工作的开展，当时上海有个创设于1855年最大的慈善团体——同仁辅元堂，把其地籍编号为25保12图的16.18亩的土地（位于今南车站路附近）捐赠给上海审判厅和检察厅，作为兴建"审检两厅"新址之地，后来"审检两厅"又购买了民地3.44亩。与此同时，1915年

上海县署也由原县衙搬迁到今蓬莱路172号。

后来经过国民政府江苏省高等审判厅厅长同意，司法部批准，1916年5月，上海审判厅和检察厅新址正式动工，并也通过土地置换的方式获得银元10万元，江苏高等审判厅厅长蔡元康又筹款2万元，共计12万元在南车站路附近的20亩土地上建造新址。由司法部技正贝寿同（又名贝季眉，苏州人，著名建筑大师贝聿铭的堂叔）设计，汪森记营造厂承包建造，于1917年12月竣工启用。江苏省司法厅长袁钟祥、江苏省检察厅长林炳勋将厅署建筑缘始，请前任司法总长、时任北京大学校长蔡元培撰文勒碑。碑文全文如下：上海地方审检厅之建设实始民国元年，知县事吴馨、厅长黄庆澜以县署湫隘不任繁剧，议划地仇直改营新署，既得法部允许，会议厅长袁钟祥莅任之朔周察城。图圄市廛勿宜难，厕主全署迁移，以其地直分

建厅所议既定,与故检察长汪□孙商之邑绅,得同仁辅元堂塚地十六亩许于车站路。视旧址恢郭,而去稠市稍远,由是上其事于省高等审判厅长蔡元康、检察厅徐声金暨司法总长章宗祥金谓可行。许咨财政部下清理官产处移提旧署,其价银币十万元,康别筹二万,裨补不足。五年四月部遣技正贝寿同,技士严治规画监造,翌年遂告成功。而看守所卒得部帑移筑者高、地两检察长王树荣、林炳勋之力居多。夫惟执事贤劳民治改作之功允不可没,猥诬纪以诏来者。民国六年十一月十七日。蔡元培。

最初,南车站路看守所的建筑物为:"丁"字形二层楼一幢,二楼有普通牢房6间,重犯独居室8间,华侨、外籍犯监2间,楼下左翼为民事被告号舍6间,共计有男监舍、女监舍20余间。后来,同仁辅元堂又赠地5分6厘3毫,审检厅又另购民地4分3厘。检察厅看守所增建号舍6幢,看守所进行过两次改建和

扩建。"地方审判厅"周围的两条马路,也借此命名。"地方审判厅"大门前的一条马路,称为"地方厅路","地方审判厅"西墙外边的一条小马路叫"地方厅西路"(后简称为"厅西路",该马路今天仍存在)。地方厅的东面系南车站路,北面是徽宁路。

1922年,沪闵(行)公路建成通车,汽车站就设在地方厅路前面不远处的斜土东路上。后来由于上海市政建设的需要,同时考虑到斜土东路与地方厅路平行,又十分靠近,就把两条马路合并成一条马路,撤销"地方厅路",把"地方厅路"的其中一段纳入地方厅范围内,并改为操场。这样上海地方审判厅及看守所的实际占地面积有所扩大,其大门就从原来的南面,改在东面,就是今天的南车站路上。所以,上海市民也因地(路)名,而称为南车站路监狱。

1927年上海市和上海县分署办公,上海市政府迁往今平江路小木桥路口,

上海县政府从蓬莱路搬迁到北桥。上海地方审判厅改组为江苏上海地方法院（隶属于江苏高等法院）。1937年11月，上海沦陷，原上海地方法院被日伪侵占，后成立伪上海地方法院。抗战胜利后，上海地方法院搬迁到浙江北路，南车站路看守所被国民党军统特务机关借用，关押他们经办的案件与人员。1945年9月至1946年4月期间，看守所关押了一批汪伪汉奸犯，如汪伪行政院政务参事钱大櫆、司法部部长吴颂皋、社会部副部长汪曼云、最高法院院长张韬等。汪伪汉奸解走后，这里成为军统内部的禁闭所，汪伪中央政治保卫总署副总监万里浪后来就被关押在此，并在此地枪决。1947年6月25日，南车站路看守所被上海地方法院接管，改称上海第二看守所（上海第一看守所位于思南路）。上海解放前夕，南车站路看守所被国民党反动派关押了许多革命人士，其中就有黄竞武（黄竞武的父亲黄炎培，新中国成立后曾任国务院副总理、全国人大常委会副委员长；黄竞武的儿子黄孟复，2008年3月至2013年3月任政协第十一届全国委员会副主席）。黄竞武曾留学美国，回国后先后在盐务稽核所和中央银行工作，后加入中国民主建国会。在白色恐怖中，他掩护中共地下工作人员，协助保护和撤退民主人士。1949年5月12日早晨被国民党特务逮捕。他在南车站路看守所中备受酷刑，5月18日，黄竞武和其他12位革命同志受尽酷刑，先后被活埋在看守所操场（上海解放后黄竞武等13人的遗体被发现，后追认为革命烈士）。

5月27日上海解放，南车站路看守所被接管，初称南市看守所。1952年7月改称上海市第一看守所，1957年经修缮有所扩建。1980年以后，看守所大门改在南车站路152号。1996年7月18日更名为上海市看守所，同年10月4日迁址浦东新区沪南路1960号新址。

一首巷陌深处的散文诗

小东门街道老地名工作组

小东门是上海商贸发源地和城市发祥地之一，百年前曾有过码头云集、帆樯林立、商业发达、人烟稠密的辉煌时期。随着时代变迁和城市更新，今天的小东门，已是外滩金融集聚带的重要一环，一幢幢金融大厦拔地而起，一个个重量级金融机构纷纷入驻，原本纵横交错的街巷道路，也在城市更新、经济发展的过程中，逐渐消失在大众视野。但是，只要你踏入街巷深处稍作考察，就会发现，这里的每一条小街小巷还保留着时光的印痕，这里的每一扇门扉窗棂都折射着历史的投影，烟火氤氲的市井和宛如迷宫的弄堂，会让你以为来到

百年前的一个江南小镇，在小东门行走，就是走在历史的印迹里。

地名，记录和反映着一个地方或城市的历史，是人们赋予某一特定空间位置上自然或人文地理实体的专有名称，它并不天然存在，而是人为赋予的，这是一种历史的赋予，更是一段共同的记忆。著名历史地理学家、现代地名学的开拓者之一谭其骧先生曾说："地名是各个历史时代人类活动的产物，它记录了人类探索世界和自我的辉煌；记录了战争、疾病、浩劫与磨难；记录了民族的变迁与融合；记录了自然环境的变化，有着丰富的历史、地理、语言、经济、民族、社

会等科学内涵,是一种特殊的文化现象,是人类历史的活化石。"

一幅民间百业的清明上河图

如果说旧上海的租界是"十里洋场",是外国人的"冒险家乐园",那么,位于洋泾浜以南的老城厢就是中国人的"创业者天堂"。

上海在开埠以前,最为繁华之地大抵在东门和小南门外之间有二三十处码头仓库,黄浦江畔"帆樯林立,舳舻蔽江",黄浦滩边"百货山积,人马喧闹"。"一城烟火半东南,粉壁红楼树色参,美酒羹肴常夜五,华灯歌舞最春三。"这是清人施润描写这一带繁华的一首诗,而这里正是昔日的董家渡,今天的南外滩。

上海县城是因码头而兴盛起来的,随着沙船行业的不断发展,南北运输和南北土特产交易日益频繁,一些行业性的大型交易市场

▲国药童涵春堂

219

开始兴起。清初，上海的豆麦交易集中在大东门外的黄浦滩边，有数十家从事批发豆麦业务的行号，逐渐形成豆麦一条街，故街名被称为豆市街，保留至今。

小东门外有洋行街是另一交易市场，专门批发各地运来的食糖、海味等南北土特产，鼎盛时期共有100多家中国人开的商号在此经营。1945年，抗战胜利后，洋行街改名阳朔路。

小东门外南面的外咸瓜街和里咸瓜街，曾是上海城外规模最大集贸市场，有数十家中药店、药材行、人参行，还有日用百货，水产、腊味等批发零售。1937年"八一三"淞沪抗战中，日军

▲老城厢里的"协大祥"商号

▲20世纪80年代的南市区街景

220

对南市狂轰滥炸，沿江热闹地区均被炸毁，繁华的里外咸瓜街燃烧了三天三夜，惨烈异常。

小东门十六铺还是零售商业中心，抗战前，这里就汇集了一批上海最早的钱庄、金店、银楼、酒肆、茶馆、戏楼、商行，如协大祥、宝大祥、信大祥棉布店，德兴馆、醉白园等菜馆，童涵春堂国药号，万有全火腿店，冯万通酱园以及曹素功墨庄等，是当年上海县城的核心区域。

如游客游览完南外滩滨江，西向穿过中山南路肆意游走，还能遇见猪作弄、花衣街、塘坊弄、洗帚弄、西钩玉弄、沙场街等一大批用作坊、行当来命名的街巷，这是小东门有别于上海多以省市县名来命名的独特之处。随着世事变迁，很多的行当已经湮灭在历史长河之中了，没想到还能在繁华大都市的巷陌深处，看到这些已经非常陌生的名字，仿佛迎头撞上一百多年前的车水马龙与熙来攘往。

一部名流胜士的命运沉浮史

历史波谲云诡、风云激荡，是一种宏大而渺远的存在，而每一个人身处在历史之中，都会经历甚至是创造历史。透过一个个饱经沧桑的地名路名，我们能够看到一大批在此出生、生活过的人，他们的经历、遭遇、思想变化，与大历史、大时代息息相关，他们从这里走向外面的世界，与志同道合的人一起，在近代中国政治、经济、文化、教育、工业等各个领域建立了各自的成就，在书写个人历史的同时也书写了近现代中国的历史。这就是为什么德国诗人亨利·海涅会说："每一块墓碑下面，都躺着一部整个世界的历史。"

位于老城厢核心区域的乔家路，历史长达400余年，因明朝末年奋力抗击金兵、兵败投滴水崖自殉的大将军乔一琦的故居——乔家大院而得名，方圆一平方公里的区域内，名人故居、历史遗迹云集。

位于乔家路113号的梓园,原名宜园,是清康熙二十一年进士周金然所筑,光绪三十三年归上海著名的实业家、慈善家、书画家王一亭所有,1922年

▲王一亭(左)与吴昌硕

11月13日,王一亭曾在立德堂宴请来华访问的爱因斯坦夫妇,1937年日寇入侵上海,逼王一亭出任伪职,其坚辞不就,携家眷避地香港,体现了可贵的民族气节和崇高的爱国精神。

位于乔家路77号的郁家大院,是有"上海县郁半城"之称的上海船王郁泰峰的居所。他除了在航运、金融、经济等方面作出了重要贡献,还曾花银10万两之多,在宅内建造"宜稼堂",为当时上海最大的私人藏书楼。郁泰峰一生举办慈善事业不遗余力,出资经营同仁、辅元等慈善机构,还捐款设立育婴、普育、果育诸善堂,收养弃婴抚养孤寡。著名的民主革命人士、"七君子"之一邹韬奋,早年也居住在乔家路77号郁家大院,其主编的《生活》周刊以反内战和团结抗敌御侮为宗旨,成为国内媒体抗日救国的一面旗帜。

沿着乔家路继续漫行,我们还将偶遇市内唯一保存较完整的清代住宅书

隐楼,打响上海中学生抗日救亡运动第一炮的上海市市南中学,敲响1911年辛亥革命光复上海和1927年上海工人第三次武装起义钟声的上海火警钟楼,也会在不经意间发现中国近代科学的先驱徐光启,一生创办了20多家企业、370多所学校的状元实业家张謇,无产阶级革命家、理论家、文学家瞿秋白,社会主义市场经济理论的创始人顾准等仁人志士在这片土地上留下的痕迹。

上海老城厢地区濒临浦江,浜渠密布,桥梁纵横,号称"有舟无车的泽国",据史料记载,清代老城厢内桥梁多达56座,河岸及桥附近发展成为居民点并形成商市,船埠林立、商店栉比,一派繁荣昌盛的江南水乡风貌。随着人口的激

▶金坛路35弄的集贤邨

223

乔家路113号塔式楼房『梓园』是画家王一亭的故居

增，被城墙围住的老城厢变得拥挤不堪，于是很多的河流被填埋，并冠以某某浜的路名。尽管水道都不在了，但留下了空间结构和形态，你可以把现在带浜的马路都视为水道，依然能够想象出100多年前上海县城的城市样貌。

"桂尊环饼答秋光，处处氤氲朝斗香。结伴良宵出城去，陆家桥上月如霜。"这是清朝乾隆年上海诗人李行南的诗作《学士桥》。学士桥即陆家石桥，曾是连通华洋两界的要道，桥下的流水就是方浜。

因每逢中秋，市民集聚学士桥饮桂花酒，观赏皓月当空，故到学士桥赏月也被叫作"石梁夜月"，并被誉为"沪城八景"之一。1911年，上海填方浜筑路，陆家石桥也随之被拆除。但是，直到1947年的上海，地图上还能发现有一条叫做"陆家石桥"的小路。与陆家石桥有着差不多境遇的还有肇嘉浜、薛家浜、陆家浜、仓桥浜、外仓桥、外郎家桥……历史的车轮是挡不住的，在历史与现实交汇之下，区域版图不断变化的背后，是发展与保留之间需要做出的艰难选择，但即使再难，也要迎难而上，这是对上海历史文脉的保护，是对海派文化记忆的留念。

城市是人类社会物质文明和精神文明的结晶。城市的形成不仅仅是一个地域的界限，更是代表了一种生活形态和一种文化现象。城市文脉是人们对于一座城市的情感，一百个人的心目中，就有一百个老城厢，身份不一样，角度不一样，感情不一样，结论也就不一样。如果让城市的后人仅仅凭着文字和图像去想象，大多数人是不可能理解生动的历史，留下深刻记忆的。但作为老城厢居民记忆，至少还应该有"打雷了，落雨了，小八辣子开会了"，至少还应该有"红袖章，乘风凉，听壁脚"，至少还应该有人情、烟火与巷陌深处吧。

225

▲当年的上海江海南关大桥

▲改建前的上海十六铺码头客运站

十六铺的数个历史性瞬间

小东门街道

"先有十六铺，后有上海滩。"万商云集的上海，十六铺是老城厢最先繁荣起来的地方。这里曾经是上海的水上门户，也是西方经济文化进入上海的见证。多年之后，当人们拂去历史尘埃，一定会回想起与这片土地紧紧捆绑在一起的数个历史性瞬间。

商船会馆：民族产业的萌芽

2012年5月4日，有媒体报道"康熙年间商船会馆为沪上最早会馆之一，年久失修盼保护"，让商船会馆这一沉寂许久的上海市级文物保护单位进入了公众视野。

一般认为，会馆是中国明清时期都

市中由同乡或同业组成的团体,迄今所知,最早的会馆是建于永乐年间的北京芜湖会馆。随着商品经济发展,市场扩大,社会分工有了进一步细化,至清康乾年间,会馆的商业机能开始显现,并衍生出了公所,共同成为工商行业的同乡同业组织。

商船会馆是上海第一所同业会馆,1715年,由上海崇明籍的沙船商集资在小南门外马家厂北(今黄浦区会馆街38号)兴建。会馆坐西向东,面朝黄浦江,占地近20亩,规模宏大,号称"极缔造之巨观"。今年86岁的成野光老先生曾经住在会馆街45号,正好在商船会馆的对面。说起商船会馆以前的样子,成老先生还记忆犹新:"商船会馆原来占地面积很大,就像以前科举考试的考场一样,有很多房子,地方很大。我记得南面往东走,一直快到黄浦江边了。"

清代《海运南漕议》记载,嘉庆时期"沙船聚于上海约三千五、六百号,其船大者载官斛三千石(约210吨),小者千

▲1922年在今外马路348号重建"南市关桥海关",该建筑现今被公布为优秀历史建筑

▲2004年起,原十六铺码头改建成大型公共绿地、文创体验馆、配套商业设施等,开启了浦江旅游的新时代

五、六百石"。沙船业的迅速发展,推动了上海整个商业的发展,也使上海成为国内外、南北方海上贸易的中转站。以十六铺沿线众多码头为核心,逐渐发展出了各类专业市场,相当长一段时间内,这里都是人流、物流、信息流和资金流交换的核心地带。商船会馆的建造是上海沙船行业蓬勃发展的有力佐证,更是上海城市发展的一个缩影,而沙船也以其独特的地位成为了今日上海市市标中的一个重要组成部分。

2019年8月8日,为保护这一珍贵遗址,传承历史文脉,绿地控股集团启动商船会馆修缮工程,12月22日主体建筑竣工,历经300多年风雨沧桑的商船会馆涅槃重生。

董家渡轻纺市场:变革时代的阵痛

外仓桥街,辟筑于1908年,全长不过百米。20世纪90年代,却因地处董家渡轻纺市场核心地带,成为上海老城厢的一道靓丽风景。风光的时候,每年春秋两季法国、意大利发布的时装新款,半个月后就会在这里闪亮登场,以至于行业内流传着这样一句话:法国的设计,英国的面料,上海的做工。董家渡的市场吸引着无数中外宾客蜂拥而至,演绎着"董家渡"传奇。据从小生活在外仓桥街的陆倩回忆,家门口真正热闹起来,是在中国加入WTO后,董家渡涌入大量外国人,她的父母和邻居们的服装生意也逐渐红火,那是家里最忙碌的几年,也是外仓桥街最热闹的日子。"铺子每天早上9

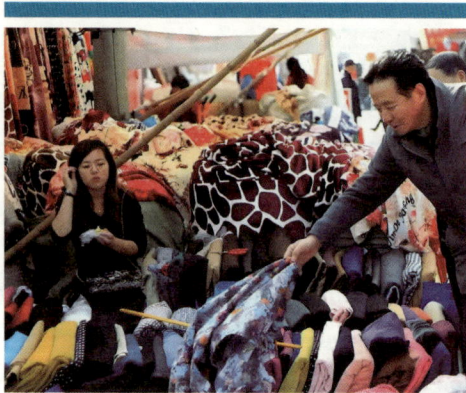

▲当年董家渡面料市场最漂亮的"花布西施"

点开门,晚上6点关门,但爸妈常常要忙到晚上10点,满上海给客人们送货。"

董家渡轻纺面料市场的兴起,除了这里与各类市场的历史渊源之外,更与20世纪90年代初上海率先启动国企改革有着密切的联系,大批产业工人面临下岗再就业的压力。1994年6月,南市区董家渡街道成立全市第一家再就业服务载体——百帮公司。1996年12月,南市百帮服务中心成立,在建立后的第一个5年里,发展非正规劳动组织超过1500个,帮助约13000个下岗失业人员走上"正规"的非正规就业之路。2000年3月8日,董家渡轻纺面料市场开业,占地面积约1万平方米,主要由外地的企业和本市的私企业主、个体商贩以及下待岗职工承包经营。而在市场周边2公里范围内,鼎盛时期曾聚集1000余家大小商号,形成了裁剪、缝纫、中西纽扣、内衬、绣花等全工艺流程服装加工体系,进而衍生出的物流、餐饮、住宿、

中介等从业人员更是难以计数。

2005年,由于市政建设的需要,董家渡轻纺面料市场搬迁至陆家浜路399号,升级为南外滩轻纺面料市场,但仍有部分商铺散落在周边。在《黄浦年鉴(2008)》里还能看到一则关于董家渡布料市场的消息:位于王家码头路350号的上海勤俭机械厂布料市场因存在严重消防隐患,被消防部门勒令停业,区法院也做出过判决,但场内租赁期满的摊主拒不搬迁。2008年12月27日,区法院对该市场实施司法强迁。至此,董家渡地区布料市场完成使命进入历史。

老码头创意园区:结构调整的蝶变

屹立于外滩的海关大楼闻名遐迩,但很多人并不知道,这幢大楼只是江海北关,而上海更早的江海常关大楼则矗立在外马路348号。2008年,黄浦区有关部门在该处一幢花园洋房施工时发现了上海海关"镇关之宝"的两块"江海常关"界碑,2009年3月31日,经专家鉴

黄浦江沿岸唯一一条连同黄浦滨江带的人行跨街天桥宛如一座"空中花园"

定后,由上海市历史博物馆正式收藏。而这一文物,只是老码头创意园区众多的历史遗存文物之一。

老码头创意园区项目诞生于上海油脂厂,是黄浦江两岸第一个通过改造,让工业老建筑重塑活力的项目。2006年的上海,正紧锣密鼓迎接世博会。南浦大桥下,创建于19世纪末的南市发电厂地块已确定将成为世博场馆;为了完善路网、重塑外滩,第二次外滩地区综合改造工程也已提上了市政府的议事日程;夹在外滩与世博园区两大板块中间的十六铺水果批发市场依然挤满了各色水果行和大货车,这样的景象与"城市,让生活更美好"的世博主题格格不入,整治迫在眉睫。据当年承接老码头开发项目的上海创邑实业有限公司董事长李永杰介绍,当时,创邑取得的是过渡性经营权,五年内动迁政府给予开发补偿,五年后动迁不做任何赔偿。之所以敢冒这么大的险,是因为创邑看中的是十六铺的传奇历史,以及上海沿江第一块休闲娱乐场所的巨大可能性。

2007年3月动工,10月招商,到2008年5月1日老码头正式开园,以老厂房为主体的20多栋老建筑布局修旧如旧,黄金荣、杜月笙当年的产业——"复兴五库"修旧如旧,前身曾是日军宪兵司令部寓所的水舍酒店,被誉为上海最"破"的精品酒店,随时可以由喷水池变为水上T型秀台的园区广场,成为各类商务活动的首选之地,曾风靡沪上的初代网红打卡地——阳光沙滩更是赚足了眼球,深受爱晒太阳的老外青睐。

2016年,是老码头发展历史上的一个重要节点,滨江贯通工程使得外滩沿线成为面向市民免费开放的公共空间,红火了8年之后,老码头迎来第二轮整体更新改造。随着外滩金融集聚带建设的不断深入,南外滩金融集聚效应的不断释放以及董家渡滨江花桥贯通,滨

▶上海南外滩金融中心城区

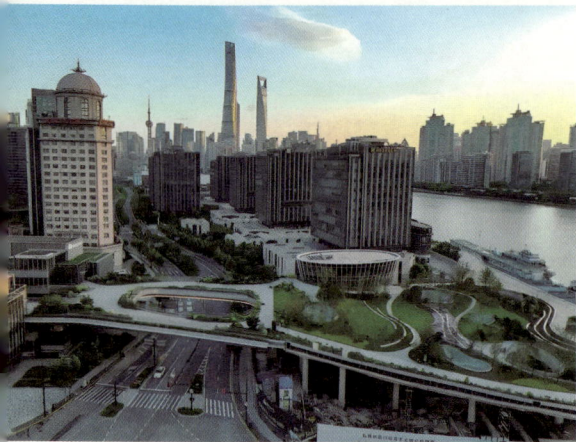

▲董家渡金融城规模初具

江沿线高端商务楼宇和重点企业进一步扩容，过去老南市"下只角"蝶变为外滩地区时尚之角。"在这个日新月异的时代，老码头需要跟上新的消费需求，要更好地服务于周边工作与生活的人群。"这是李永杰对于二次更新的理解，也是老码头跟上时代发展的必然。

南外滩金融社区：高质量发展的重启

2024年1月8日，小东门街道携手来自华东院的社区规划师、辖区企业和商圈，共同发起了围绕参与式的规划设计"南外滩金融社区开放周·新年开门市集"活动。5个工作日、3个社区公共空间、50多位志愿者，吸引了1000余位工作、生活在这里的社区成员，共同参与到社区生活圈规划设计和社区治理创新中，也让大家发现了参与社区活动的N种方式。

沧海桑田，世事多变，如今的南外滩已经是外滩金融集聚带"一带引领"的重要承载区域，外马路沿线由北向南林立着太保集团、蚂蚁科技等17家企业总部，南外滩金融社区集聚效应显现，在这块小小的区域里，黄金交易所、跨境清算等金融要素市场集聚，东方证券、汇添富等集团总部和金融机构集聚，外企德科、北京国枫、邦信阳等专业服务业企业集聚，2023年，黄浦区排名前22的亿元楼有7+2栋在小东门。与此同时，小东门街道的人口结构的变化就更为明显，目前常住人口约3.2万，商品房小区居民取代老城厢居民成为社区主力；辖区目前工作人口已近4万。

华亭一脉

城厢忆旧

CHENG XIANG YIJIU

　　豪情万丈的"万有全",是老上海的向往地;诱人味蕾的"大富贵",是老上海的心头好;海派风情的"老茶馆",是老上海的留恋处;南浦大桥的横空出世,是承载老上海的希冀与梦想;更有"南房"的"唯有担当齐协力,可叫旧厢换新颜"的大手笔杰作,会让老上海的你,憧憬老城厢的美好未来,踏入新时代老城厢的幸福时光里。

万有全集团公司外貌

「万有全」老字号的品牌故事

叶谦逊

六月仲夏，为"黄浦岁月"系列第三本《华亭一脉》约稿，我再次走访了上海万有全集团，收集资料，记忆留痕。

"万有全"自清咸丰元年(1851)初创，历经一百多年，以经销金华火腿和腌腊制品而享誉海内外，亦是老华侨钟情之味道、馈赠之上品。"万有全"原是老南市副食品行业龙头企业，也是上海市副食品行业的老字号企业、上海市著名品牌。

清康熙年间，海禁开放，老城厢商业日益兴旺，十六铺沿江街巷的商铺林立、人烟稠密。道光十年(1830)火腿腌腊行业在南市十六铺的外咸瓜街和城内的灵济街一带形成规模，"火腿街"名声鹊起。咸丰元年(1851)浙江兰溪戴姓商人在城外的集水街(今东门路)开设"万有全火腿行"，其秉承"货真价实"经营理念，在浙江金华建立自己的坐庄，自行采购当地"金华两头乌"猪的上等腿坯精工腌制，选料、腌制、修割、整形、

发酵、吊挂、堆放等各道工序都严格遵循传统工艺精心制作，其销售的火腿是皮色黄亮，精多肥少，腿心饱满，大小匀称，质量上乘，"万有全火腿行"盛名一时，戴老板在上海也名声大振。

"万有全火腿行"的特点是商品齐全如同店名，除经销金华火腿、咸肉、香肠、腊肉、板鸡、肠衣等腌腊制品外，还经销各地名茶、冬笋扁尖、海味等南北货。在经营管理上注重商品陈列，上柜

▲"万有全火腿行"原址(东门路98号)

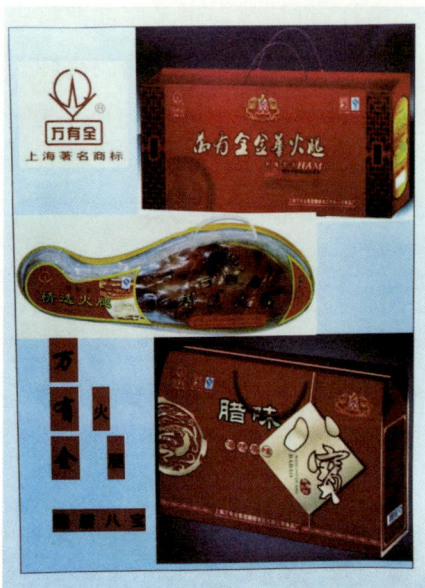

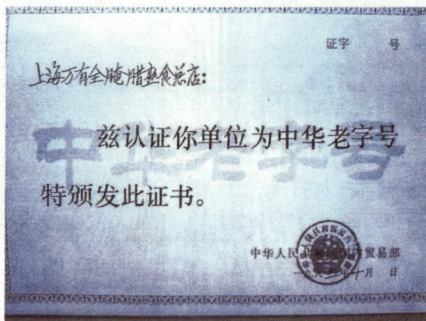

▲万有全的著名商标

火腿、咸肉一概都要质量检查严格把关，包装外观整洁无油污，里边油纸包裹，中间放红底金字店招，便于携带，富有特色。当时，许多海外侨胞都要购买"万有全"品牌火腿，以唤起游子眷恋家乡的情怀。

抗战爆发后，老城厢因遭受日寇狂轰滥炸，"万有全"一度缀业，股东们离沪逃难，徐姓股东去台湾台北、高雄开"万有全"，亦有香港"万有全"。1945年抗战胜利后，在东门路85号重新开设"万有全火腿行"，但物价飞涨，惨淡经营。

新中国成立后，"万有全"与社会经济同步恢复。1956年公私合营后改名为"万有全腌腊熟食总店"，且形成熟食在十六铺地区的人气口碑，经济效益行业榜首。当时，有两项行业创新举措，一是火腿去骨去皮去膘纯精销售；二是咸腿分斩成咸爪、蹄髈、上方、精上方、膘皮等规格，按质论价，深受顾客与同行认可和欢迎。1993年10月，国内贸易部颁发

"上海万有全腌腊熟食总店"中华老字号证书。

1994年，原南市区政府将南市区副食品公司在"上海万有全腌腊熟食总店"的基础上改制为"上海万有全集团"（国资、事业、大集体、小集体等多种编制汇聚）。"万有全"抓住国内贸易部倡导、上海市政府推进"商业品牌建设"契机，以品牌引导生产，以品牌拓展市场，以火腿、腌腊加工生产为抓手，在浙江金华和四川德阳建立了火腿、咸肉基地，通过传统工艺与现代技术结合不断

开发新产品，形成更具浓郁风味、口味独特、便于烹调的系列商品，持续开发百余种新品，有"十全十美礼盒"和"腌腊六百味礼包"等畅销商品。1999年，国内贸易部将"万有全腌腊制品"指定为全国商办工业52家重点扶持品牌。

1997年，"万有全"制订了《关于实施品牌战略工作规划》，强调以市场为导向，把发展副食品加工、配送和创立品牌作为重点，并精心培育了"万有全"6个大类200多个品种的新产品，逐步形成腌腊、中西式熟食制品、豆制品、冷冻

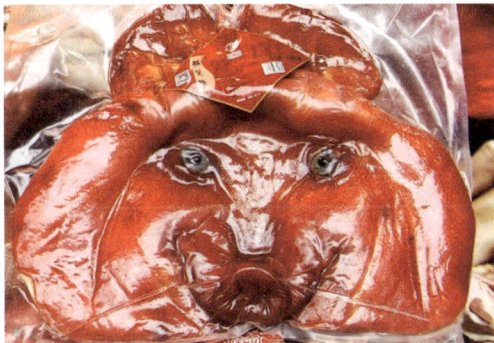

▲万有全特色腌腊产品之一

▲万有全特色腌腊产品之二

▲邀请上海市劳动模范陶依嘉到单位作报告，并由单位先进个人赵建芳与陶依嘉签定师徒帮教协议

食品、调味品和方便快洁盆套菜六大系列500多种系列产品，年销售收入达12亿元。

1999年，"万有全"被评为"上海名牌""上海商业百强企业"；2000年获评"上海著名商标"称号；2006年12月，第二次被评为"中华老字号"企业并应邀参加商务部、中国商业联合会举办的"老字号创新发展研讨会"；2023年9月，商务部等5部门公布"中华老字号"复核结果，"万有全"第三次入选名单。

1999年初，上海市政府转发市商务委等部门《加快马路菜场、集市入室和加强规范管理意见的通知》，提出以实现城市管理和环境建设三年大变样为目标，将道路交通通畅、居住和购物环境整洁的上海带入21世纪。

老南市区地处上海老城厢，历史上遗留数量众多的马路菜市场，其中，较著名的有小桥头菜场（后为凝和路菜场）、九亩地菜场（后为大境路菜场）、唐家湾菜场、小普陀菜场等马路菜场，其历史可追溯到19世纪。在计划经济年代，广大菜场职工在艰苦环境里不辞辛

劳,乐于奉献,为保障副食品市场供应,满足人民生活需要,维护社会安定,曾做出巨大牺牲,涌现许多先进代表。

马路菜场入室工程是顺应广大市民的要求。家住紫霞路一位中学生曾给市领导写信说:我家住紫霞路上,自打出生就生活在破棚旧摊环绕、垃圾污水满地的马路菜场环境中,十几年来,上海城市面貌发生了翻天覆地变化,而菜场面貌依然如旧。她呼吁市领导做出决断,让马路菜场入室,改善生活质量。还有家住大境路的老先生给区领导写信,提出大境路菜场是南市区最长的马路菜场,菜场与集市占路为市,阻碍道路交通,矛盾频频,居民生活深受其害,要求解决。

"万有全"集团贯彻市政府文件精神,统一思想,形成共识,抓住机遇。创建"一个中心"(肉类批发中心),四证齐全,开展"三放心"活动以解除市民吃放心肉之忧;创建"一支队伍"建立南市区

▲顾客盈门的万有全店

▲车站路菜场先进班组花色蔬菜柜(张美珍、唐文颖、费慧娜)

▲姚长富、诸雪妹(后任南市区妇联主任)、潘庭华、沈冠整(后任万有全集团公司党委书记)、徐立贵

街道监管协管员队伍,形成"六个统一"(统一带班制、统一范围、统一服饰、统一标准、统一时间、统一处罚)管理制度。当时取得了积极成果并得到了市、区两级政府领导的充分肯定。

2004年7月,"万有全"集团改制为民营企业后,坚持以副食品产销、配送为主业,以规范菜市场经营秩序为抓手,以确保食用农产品安全为目标,继续发挥副食品供应主渠道职能,为企事业单位和消费者提供安全、放心的商品和最佳的服务。在市、区政府的关心下,企业进入日新月异的发展阶段。

民以食为天,食以安为先。为践行"城市让生活更美好"理念,"万有全"在创新中发展,在发展中创新,自觉承担着食品生产、食品配送和食品安全的企业责任。其坚持以品牌管理为抓手,以人为本,诚信担当,积极进取,在企业持续发展过程中,为社会做出更大贡献。

我研究中华老字号"大富贵" 刘雪芹

"南有徽商，北有晋商"，徽商作为中国最大的商帮称雄国内商界600年。上海是徽商集聚地之一。徽菜是徽商出门在外的"乡愁"。跟随徽商，徽菜率先进入上海滩，并曾独霸上海饮食业数十载。"大富贵"是目前上海历史最悠久的徽馆老字号。

一、历史"拼图"

2020年春的一个下午，我接到同学电话，说"大富贵"想写一本企业史，邀我参加。那时的大富贵对我而言，就是吃过几次饭而已。回到家里，各种资料翻阅一下，发现关于大富贵，除了一些简单的历史介绍、新闻报道之外，深入研究完全没有。市、区档案馆关于大富贵的资料也屈指可数，这样的资料情况，要把140年的企业发展史写成一本书，除非自身档案完善，否则几无可能。

很快，与大富贵领导碰头约谈此事，祖籍陕西的刘立元书记极具文化情怀，对企业历史文化高度重视，我深受感染，于是开始"挖矿"。收集资料才发现，有价值的企业档案寥寥无几。为了弥补资料的缺失，我们开始了对20余位老员工的采访工作。采访的第一位便是上海解放前大富贵的会计胡永耀，采访的第一站便是创始人邵运家的老家绩溪伏岭下村。在村里的宣传栏里，竟然贴有大富贵的展板介绍。随便找个老乡一问，他们对大富贵都十分熟悉，他们说村里很多家庭的长辈新中国成立前都在老西门大富贵做过工。在大富贵最后一位徽厨邵华成的家里，邵夫人和儿子都很热情，谈起大富贵，故事一箩筐，墙上相框里都是邵华成在大富贵工作时的照片和荣誉。通过他们的讲述，一条故事线逐渐清晰。从他家里出来，邵先生给我们一路介绍，这是谁的庭院，那是谁的宅子，他们共同的身份都是大富贵员工。在拐角处，我们还推开了大富贵巅峰时的经理邵之林的老宅，典型的徽派老建筑，发黄的老照片中再现一段段尘封的历史,大富贵的过往愈加鲜活立体了。

根据前辈们的口述,结合资料,大富贵上海解放前的历史"拼图"初现。大富贵,初名丹凤楼,由闯荡上海滩多年的安徽绩溪伏岭人邵运家,在清光绪七年(1881)创立于上海老西门,主营徽面。1920年,转型为徽菜馆,并扩大规模,生意兴隆,时有排队等候的现象。但是1930年,邵运家意外病逝,丹凤楼徽菜馆陷入危机。同乡人邵在杭接盘,掌舵丹凤楼。1931年,他"斥巨资自建三层楼洋房",重新开业。然而好景不长,上海沦陷,虽因"南市难民区"的设立,建筑在南市大轰炸中得以保留,但店员纷纷回乡避难,被迫停业。1940年,同乡邵之林等8人集资盘下丹凤楼,并以"吉祥如意、荣华富贵"之意,易名为大富贵酒菜馆。邵之林颇有经营头脑,很快繁盛如初,并收购左邻铺面(中华路1465号)翻新,同时可办筵席80桌,接纳800客人,成为老西门一带规模最大的酒菜馆。此时的大富贵已成为与上海大中华、大中国、鸿运楼等齐名的徽馆,旺市时有员工200余人。一到开市,便熙熙攘攘、嘉宾满座,除本市吃客外,许多食客远道慕名而来。以至于不管你在上海的哪一个车站、码头乘坐三轮车,只要讲到老西门大富贵,师傅们都能径直将你送到店门口。

根据他们的回忆,我还了解到大富贵的徽厨、堂倌的生活状态。"以馆为家"是大富贵的传统。当时社会动荡,条件艰苦,上至老板、下至普通员工,一般都吃住在店里。没有床,就拿两个台子拼在一起就当是个床铺了。大家的铺盖卷是集中放在楼上的一个房间里,早上起来后,再把各自的铺盖卷收好放回去,就开工了。后来,空间宽敞了,大富贵的三楼辟有专门的休息区。床连着床,中间仅有狭小的过道,讲究一点的用窗帘布将自己的床铺和其他人的隔开,就这样大家一起打通铺。邵华成师傅就这样过了一辈子,直至退休。

二、精彩华章

20世纪80年代末期,随着大富贵最后一位徽籍名厨邵华成退休返回原籍,"南饮人"作为大富贵酒楼管理、技能人才的主体,全面登上历史舞台,并一直延续至今。其实,从1958年开始,南市区饮食学校开始进入人们的视线。1959年,大富贵来了一批女学徒,这十来位上海本地小姑娘都是"南饮人"。20世纪70年代实验饭店时期,"领导班子"成员诸有忠、厨房熟食冷菜部负责人俞聚英、青年教师骨干左经章、赵炳坤等都是"南饮人"。经过20年的岁月变迁、摸爬滚打,"南饮人"逐渐成为大富贵的中流砥柱。大富贵酒楼现任总经理奚伟中、副总经理庄健,工会主席、富豫配送中心厂长龚文,面点副总监石韵等都是该校毕业生。

▲大富贵食客盈门

这一时期的档案资料因年代较近相对丰富,但口述访谈让这段历史更加鲜活、精彩。据诸有忠回忆:"文革"期间,大富贵曾易名为"延安饭店""安徽饭店""实验饭店"。为响应毛主席"七二一"指示精神,1975年南市饮食公司还在实验饭店成立"七二一"大学。实验饭店也因此成为"七二一"大学和南市饮食学校的实验基地。尤其改革开放后，实验饭店作为上海屈指可数的为国家培养出国厨师的基地，还为南市区行业外的部队、大专院校、医院、铁路局、三线单位等培训了大批餐饮专业技术人才，由此成为南市区"厨师的摇篮"。因此，1979年，当中日双方决定出版一本《中国名菜集锦》时，选了大富贵作为徽菜代表。诸有忠和邵华成遵循传统徽菜的烹饪技法，结合大富贵长期以来的烹饪经验，做出的菜肴色、香、味、形兼备，自成一家、别具风味。葡萄鱼、掌上明珠、金银蹄鸡、清炒鳝糊、沙地鲫鱼、凤还巢、银芽山鸡丝、虾裹笋、火腿炖鞭笋、杨梅圆子、五色绣球共11道著名的传统徽菜，被收录《中国名菜集锦·上海》第一册，每个菜都配有图文介绍。这份荣耀一直为"富贵人"所津津乐道。

随着改革开放步伐的加快，我国迎来了有史以来规模最大的"出国潮"。而作为改革开放前沿的上海，成为这场历时数年出国潮的主流。这股浪潮很快波及到大富贵。1982年5月，诸有忠被选调外交部，派驻匈牙利大使馆工作。自此，1982—1986年，大富贵内部也掀起了厨师出国潮，一批实验饭店时期培养的年富力强的厨师先后出国。至20世纪80年代末，先后有20余位厨师陆续因公因私出国，占大富贵员工总数的四分之一。他们通过饮食文化的传递，弘扬了中国传统饮食文化，拓展了中外交流的渠道，但也使大富贵技术人员出现断层。与此同时，随着餐饮业的不断繁荣，整个饮食行业也出现了技术力量短缺局面，大富贵部分优秀厨师被外调支援其他企业。人才短缺和技术力量薄弱的局面愈演愈烈，大富贵由此走入低谷。

带领大富贵重回巅峰的是陈贵德总经理。在访谈中，大家亲切地称呼他

"阿德哥"。他是第一个通过竞聘上岗的总经理,为人正直、作风硬朗、雷厉风行。他从不坐办公室,穿一身白色工作衣,最早一个来,最晚一个走。上岗后,按照"竞争上岗、优化组合"的原则,从职工按劳分配、队伍优化组合、规范化服务三个方面进行改革。副经理由陈贵德提名,不再由公司任命。接下来,班组长也是竞争上岗。一轮轮竞争上岗后,职工队伍优化组合,"你的队伍你做主,队员班组长自己选"。选择剩下的作为后备在旁待岗,好好学习,需要时再上岗,虽然长期合同不能解聘,但职工的危机感得到增强。随后,他把公司销售额分解到各个部门,完全按照按劳分配原则。完成企业保本销售额后,多做多得。奖金分配标准明确、公开透明。每月奖金多少,不用企业测算,员工自己也可以算,完全看得见摸得着。员工既为企业效益做,也为自己的劳动所得做,这个转变十分难能可贵。员工

从上到下的工作积极性空前高涨,在整个南市区口碑极佳。一些名人也慕名而来,如邓小平同志的女儿邓楠、知名香港明星沈殿霞等。1997年9月7日,大富贵第一家分店西藏路店开业,做大众化小吃,引发社会热议。面对质疑,陈贵德承诺"当年投资、当年收回"。不出所料,2元一碗的三鲜小馄饨撬动了大众化市场,一炮打响,生意可用火爆来形容。

三、借势腾飞

截至2024年8月,大富贵在营业门店共65家,其中直营店57家,加盟店共8家。直营门店中,超大型门店2家、大型门店10家、中型门店38家、小型门店7家。网点分布从早期的老南市,现已拓展到上海14个城区。从一家单店到一家拥有富徽佳食品科技产业园的餐饮企业,腾飞的起点,源于早餐工程。

这段历史,现任总经理奚伟中如数家珍,他是整个过程的亲历者、策划者、

领导者。据他回忆：2011年，大富贵借助国家商务部早餐工程试点企业的契机，建设中央厨房，加快网点铺设，做大企业规模。在此基础上，细分市场，形成"1+3"的品牌市场体系（以大富贵为核心，创立九九徽印、厨选、丹凤楼三个子品牌），同时通过各种途径，扩大品牌影响力。为传承海派徽菜技艺，大富贵先后成立海派徽菜研发、产品创新、服务创新、中式面点、人才培养五大工作室，促进企业人才技艺发展，推陈出新的产品和优质的人性化服务，让百年老字号再现青春活力。

随着企业规模的增大，大富贵的营业额节节攀升。2019年完成主营业务收入4亿元，利润总额3000万元，实现上交税收1138万元。2020年，在全球性疫情如此严重的情况下，仍然完成主营业务收入3.5亿元，利润总额3100万元，实现上缴税收1068万元。

2023年10月，大富贵投资建立的富徽佳食品科技产业园竣工，这是大富贵发展历程上重要的里程碑，标志着大富贵从单一的餐饮企业向食品科技企业发展，它将借助食品科技的力量，将深受消费者欢迎的现制现售的点心、糕团、卤味的主力产品转换为预包装食品，通过销售渠道进入超市、卖场；同时，半成品产能也将进一步扩大，以满足更大的消费需求，为公司全面拓展市

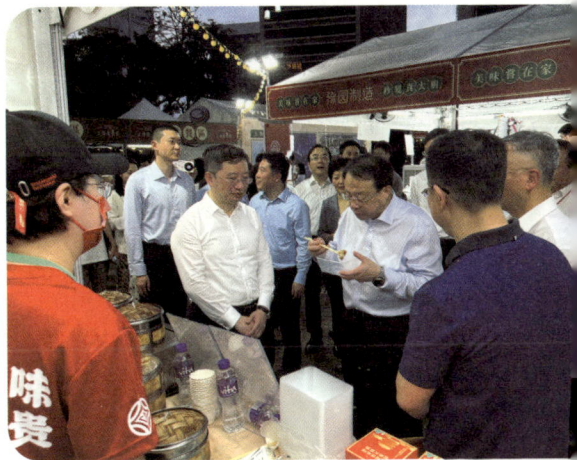

▲市领导到老城厢视察大富贵

场,辐射长三角地区的中长期发展战略奠定坚实基础。

2024年4月,"大富贵海派徽菜制作技艺"被上海市文旅局认定为上海市非物质文化遗产。

2021年11月,《至味百年大富贵》顺利出版。全书共计12.5万字,200余张照片,以大富贵140年历史发展为主线,从内涵到外延,全面、系统地阐述大富贵的发展嬗变、人、事、菜、点及其品牌、服务、人员管理、企业文化与精神,但又不局限于大富贵。通过大富贵的历史,兼述徽商的发展,徽菜的形成与特点,徽商、徽馆在上海的发展;上海海纳百川的城市品格,海派餐饮、本帮菜的形成与发展;以大富贵为个案,从一个侧面体现国企改革和上海市民生活方式的变迁。回首当年的研究过程,最大的感受是大富贵酒楼从上至下"撸起袖子加油干"的精气神和一丝不苟的敬业态度。这样的企业,一定可以走得更加长远。

最后,以上海史研究专家熊月之先生在序言中写到的一句话收尾:"上海餐饮业之繁盛,冠于全国,名店老店,灿若群星,如果各家都能像大富贵这样,深耕企业历史,精研企业文化,则上海餐饮文化的内涵必然更为醇厚,上海城市的宜居、宜业、宜游的魅力,也必然更胜于前。"

华亭
申城之根老城厢
一脉

◀上海老街牌匾

▶上海老街牌匾旁的狮子

"上海老街"开发的往事

陈卫家

　　我是土生土长的上海人。在上海这座融合传统与现代的城市中,老城厢于我而言有着特殊的吸引力,我对这片土地有着深深的热爱与尊敬。

　　原南市区有一条马路叫方浜中路,由填河而成,旧时是老城厢的主干道,上海最早的钱庄、金店、银楼、茶馆都汇集在这条路上。多年来,方浜中路慢慢变成一条被杂乱和狭窄占据的普通街道。机缘巧合,将我与这条马路紧紧联系在了一起。

　　1997年,我注册成立"上海老街投

▲原杂乱和狭窄的方浜路照片

资集团有限公司",主营业务是商业地产的投资、经营、管理及相关配套业务。我创办上海老街投资集团,是想将老城厢昔日繁华的热闹盛况以另一种方式留存。在公司所承接的各类项目中,"上海老街"是极具代表性的重点项目,曾被命名为"上海商业特色街"。

我希望通过这个项目,能打造一个代表上海江南地域文化、旧区改造和文化旅游的地标,让国内外游客看到上海的传统与现代的完美结合。打造原汁原味的上海老街,"味道"对不对,关键就在于是否抓得住老城厢文化的精髓。老街里最具代表性的"味道",当属茶香。"春风得意楼"是当时有名的茶馆,为了重建这座门前有老虎灶的"春风得意楼",我和同事尽一切可能翻遍了史料,更花了大力气,在努力抓住传统文化的"神韵"上下功夫。"春风得意楼"设计意图是茶客可沿着木楼梯拾级而上,临窗坐定,细细品茗,透过雕花木格窗棂,可见人流如织的街市;环顾四周,古色古香的八仙桌、长板凳旁,有清新可人的民俗壁画,不由得生出一种抚今追昔的情怀。过往的感觉不是照搬照抄"克隆"就可以的,讲究的是一个意境。

方浜路口那块"上海老街"牌匾是我精心设计的,融合了民族文化与江南文化风格并兼具海派文化的现代理念。我希望,上海老街能成为老城厢一张"文、旅、商"联袂名片。当时,为了与牌楼匹配,我还特意选择了江西一家专业的铜雕塑公司制作了两只狮子,从

▲上海老街盛景

▲上海老街上的"春风得意楼"

1998年开始放置至今,这两只狮子已守护了"上海老街"26年,也见证着这条特色商业街的兴盛和变迁。我感觉,象征着传统文化传承者群体心中那份不变的坚持与热爱,也提醒我们,城市在迅速发展的同时,要守护好那些珍贵的文化遗产。

2021年,我尝试用书与画的表现手法再现上海老城厢民俗文化场景。我主编并出版了《最初上海:老城厢的诗和远方》,编纂这本书的时候,我感受颇深。我在想:"有人说,如果上海老城厢是一部史诗,那它就是上海的《诗经》。"所以,我带领创作团队翻阅大量资料,搜集海量照片,集中精力、认认真真地写了这本书,一本淋漓尽致展现老城厢文化历史的书。这本书以《诗经》风、雅、颂的分类形式,以及《诗经》赋、比、兴的表现手法,梳理并艺术地表现了16种老城厢文化。通过一段段文字、一个个故事,讲述申城的人文历史、社会发展和风土人情。

拥有700多年历史的上海老城厢,是上海城市文化的源头,也见证了上海城市发展的历程和文脉。关于老城厢的书其实不少,但我觉得应该为老城厢文化、上海的起源地做个证明。

《最初上海:老城厢的诗和远方》将

◀新书发布会

◀《最初上海：老城
厢的诗和远方》书影

老城厢历史、起源归纳成16种文化，表达出老城厢最典型的特征。这本书对上海最初文化全面的介绍、对海派文化的印象和宣传，是上海成为全球卓越城市的过程中，演绎并展示城市历史风貌和特色的人文资料。

我还尝试用色彩来表达我对老城厢文化的理解。我从小受外公私塾的艺术陶冶，之后在母亲的美术教诲气氛中，更是锻炼出我对色彩的洞察力。上海是个海纳百川的城市，老城厢又因上海的开埠而最先受到西方现代城市的濡染，所以老城厢的文化是多元的，在我眼里它还是彩色的。

我创办了"轻重艺术"品牌，倡导将艺术融入生活，并且与著名二胡演奏家马晓辉展开深度合作，与不同领域对传统民族文化、海派文化钟情已久的人相遇，碰撞出跨界的火花。2020年，马晓辉被授予全球世博文化大使的称号，我为她设计了一件带有彩色书法元素的旗袍来参加颁奖典礼。旗袍和书法，都

▲"轻重艺术"与马晓辉合作的经典画面

能反映中华传统文化的魅力,多彩的颜色则代表现代、多元的一面,这是海派文化的特色,也是世博文化的特色。有了这次成功的经验,我们便展开了深入合作。之后马晓辉的每一场演出,我都会根据她的主打曲目设计演出服,目前亮相舞台的已经有10多套。

我从马晓辉音乐中汲取灵感,合作是相辅相成的。我以熟悉的视觉艺术形式呈现,又帮助马晓辉传递二胡艺术新风尚,让传统文化在观众眼中变得"潮"起来。这是多年积累后,我对江南

文化和海派文化融合、演绎于老城厢文化的注解与延伸。

我现在有很多身份,上海老街投资集团的董事长,还身兼"黄浦区人大代表、区商会副会长",但我更喜欢"老城厢文化传播者"这个身份,这是对我在老城厢文化、海派文化的不懈追求与传播上的认可。海派文化的魅力在于它的包容性与多样性,这一特质深深感染了我,无论是在商业、艺术还是文化保护上,我都秉承这样的理念,用我的行动,当好海派文化和江南文化的传译者。

▲国家一级演员,上海民族乐团著名二胡独奏家马晓辉

253

老八股之一

豫园股份变迁的花絮

汪新民

豫园旅游商城牌區

1984年11月18日,新中国第一家经批准向国民募集资金公开发行股票的公司是上海飞乐音响公司,以后,陆续又有延中实业(现更名为方正科技)、真空电子(现更名为云赛智联)、爱使电子(现更名为ST游久)、申华电工(现更名为申华控股)、飞乐股份(现更名为ST中安)、浙江凤凰(曾更名为华源制药,现已退市),紧随其后,豫园商场在1987年11月25日被批准为全国商业系统第一家股份制企业,1988年3月8日,豫园商场向社会公开发行股票129.1万股,同年7月18日,豫园商场股票在上海证券交易所挂牌交易,成为新中国第一个上市的商业股份制企业——"中华商业第一股",也是新中国改革开放后的"老八股"之一。

豫园商场股份制改革前只是老城隍庙地区管理百货业的一个行政公司,内部一半国营,一半集体,一个公司两种所有制,两者之间干部职工不能统一调动,网点不能统一规划,资金不能统一使用,"井水不犯河水",界线分明。实行股份制后,国营、集体都以资产折价入股,向社会发行股票募集资金,面值100元的一股股票在场外已炒到500元,企业实力增加数倍,内部机制也活了,干部职工可以统一使用,网点可以统一安排。原来国营部分年年上缴利润,经营却要向银行借款,而集体部分有资金多余,却只能存银行获取少量利息。现在体制变了,资金不再有国营与集体之分,公司可以统一调用,光节省付出的利息每年就有100多万元(20世纪80年代末),销售和利润分别保持了年均34%和40%的增长幅度。

20世纪90年代始,上海拉开了浦东开发开放的序幕,股份制改革也掀起了新的高潮,豫园再次幸运地赶上了潮头。豫园地区(即由方浜中路、安仁街、福佑路和旧校场路围成的占地5.3公顷区域)有市属公司2家,区属公司13家,

▲豫园股份中华老字号集群图

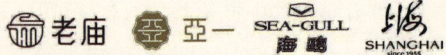

▼豫园商城美景

256

▲豫园股份有限公司大楼

而豫园商场股份公司只是其中1家区属公司;区属119家单位中,豫园商场股份公司只占64家。要使豫园地区不同归属、不同行业、不同所有制的商业门店强制性地统一在一个公司,只有采用先进的股份制,以实有资产作价,让这些门店的上级部门交出管辖权,取得股份权。重组后的公司股本金总额为11290.428万元,比原来的豫园商场股份650万元股本金扩大了17.36倍,豫园地区的改造资金有了充分的保障。市政府财贸办发文命名为"上海豫园旅游商城股份有限公司"(简称豫园商城)。"豫园商场"和"豫园商城",一字之差,天地之别。

"中华商业第一股"豫园商场在全国股民的心中,虽然不是领涨领跌的龙头股,但起到了中流砥柱的作用。1991年6月25日,豫园商场100元面值的股票站上了1000元大关;1992年2月底,豫园商场股票向4000元高位爬升;到1992年5月跃上万元大关,买卖豫园商场股票的股民"甜头"吃足。豫园公司改制资产扩大了,商场股票如何转换为商城股票,由注册会计师事务所对商场公司资产重新评估确认,资产升值倍率为1.8倍,即商场公司面值100元的股票现每股净资产值为180元,确定换股比例为1∶18,每股面值100元的商场公司股票可换成18股面值10元的商城公司股票。为了保障商场公司股东的权益,商场公司股票按上述换股比例转换成商城公司股票的同时,对商场公司的社会个人股东可以不用"股票认购证"而配予一定比例的商城公司股票认购权。在保障老商场职工利益方面,对于原先动用部分职工奖励基金购买商场公司股票的资金,连同红利,在交足奖金税后,以奖金形式留给商场职工或用于认购商城公司股票。1992年4月19日,豫园商场召开股东大会,87.72%的

股东到会,以99%以上赞成票通过了豫园商场全资加入豫园旅游商城的决议。为如何解决大小股票转换问题,提供了一个较为成功的案例。

组建豫园商城的消息一公布,不仅没有造成豫园商场股价的下跌,反而不断促使股价上扬。当初豫园商场股票上市时,豫园商场千余员工人人持股,100元的面值,每个人10股,其中两股是公司用福利基金为员工买的。在股票涨到二三百元时,绝大部分员工都把手里的股票抛掉了。商场公司总经理为了让员工和企业同呼吸、共命运,强制规定两股由公司福利基金买的股票不准出让,如卖出的不管现价多少,一律得买回,同时还要罚款。让员工没有想到,总经理这个命令,4年后让他们尝到甜头。1992年4月下旬,豫园商场股票涨到每股7000元,公司领导班子开会同意让员工自己做主,自行处理手中的两股股票。顿时商场内一片欢呼声,许多

◀张灯结彩的豫园商城

员工立马成了“万元户”,这对于当时每月工资只有百余元的豫园商场员工来说是发了一笔不小的财。抛得较晚的公司办公室主任有一股以8880元卖出,当他把钱拿回家时,他老妈再三问儿子,哪来的钱?她无论如何也不相信一张百元面值的股票可以换来那么大一笔钱,就怕儿子走了歪道。

豫园商城面值10元的股票,公开上市时溢价是80元,股东认购股款起始日,公司募集到资金4.6亿元,第二年又配股一次,增发了1.6亿元,两次共募集6.2亿元人民币,超过当时南市区财政收入整整一倍,原先分散在豫园地区一百多家单位的主管部门交出经营权获得股权后,经初步测算他们每年获得的红利远远超过此前自己经营时的收入,实现了双赢。6.2亿元资金到位,并投入了豫园地区的综合改造,才有了今天享誉世界的豫园商城的规模。

『老上海茶馆』的故事

张荐茗

▲1999年开设在方浜中路385号的老上海茶馆

▲老上海茶馆外貌

▼老上海茶馆内富有海派文化韵味的藏品之一

▼老上海茶馆内富有海派文化韵味的藏品之二

▼老上海茶馆内富有海派文化韵味的藏品之三

▼老上海茶馆内景

上海老城厢的历史尘埃,轻轻地在老上海茶馆落定,它的每一件物品、每一幅画面,仿若都在叙述着传奇故事,让人不经意间便能信手拈来一段段精彩的往昔。

1999年初,我应邀在上海老街(方浜中路385号)开办老上海茶馆。我想将多年收集的文物开设成"上海民间历史收藏馆",但彼时人们对于"老物件"的欣赏氛围不浓,热衷品茗的我,灵光闪现,策划了"品茶看展"的"老上海茶馆",主要功能是接待朋友或对老上海、对品茶感兴趣的客人。我将茶馆划出一半面积用来展示老上海的历史,表达对过往岁月的深情致敬。

对于老上海物件的布展,我不参照博物馆在大玻璃窗内陈列展品的方式,而是别出心裁地创造"四维空间"的老上海时光隧道,让观展者可以触摸到展品,体验沉浸式的展陈意趣。茶馆里还有五十多本相当于日记本、留言本的老物件,我倒感觉它们更像心灵的随想集,见证

着无数灵魂的倾诉与共鸣,无论用哪种语言都可以找到,像联合国的签名册,那内容、那感受、那情感,真是妙趣横生、千姿百态,不会写诗的想写诗,不会绘画的想绘画,不会唱歌的想吟唱。写尽了人生悲喜,写尽了世态炎凉、写尽了人间的爱恋、写尽了凡人的无奈、写尽了世俗的百态。很多朋友兴趣盎然地边品茶、边听故事,感觉像来到我家里做客似的,悠然自得地消磨半日时光,沉浸在那份难以言喻的亲切惬意之中。

茶客喜欢"登斯楼也",一边是海上旧梦的传奇再现,是十里洋场的旧景故物,耳闻目睹我收藏的昔日魔都胶木唱片录制的摩登乐曲,还能听到"吱吱"的唱针走动的声音。品着老上海元宝茶的醇香,尝着老克勒辣酱面的地道,每一口都是对味蕾的极致诱惑,也是对往昔岁月的深情回味。另一边是临窗雅座,屋内是历史的低语,屋外则是现实的喧嚣,你恰在现实与历史的交汇点

▲老上海茶馆是国内外游客争相探访的文化地标

▲老上海茶馆也是了解海派文化、江南文化的窗口

上,不由自主地沉醉于一种超脱世俗的奇妙感觉之中。在这纷争的现实社会里,茶馆给人们有一种回归心灵家园的感觉,这里不仅是茶香的汇聚地,更是心灵的栖息地。视觉上的复古风情,听觉上的时代回响,味觉上的经典再现,乃至心灵深处的触动与共鸣,老上海茶馆以独特魅力,让每一位到访者都能享受到一场从视觉、听觉、味觉、心觉全方位、多感官的沉浸式体验。

有茶客留言:"来上海,不到老上海茶馆将终身遗憾。其意境只有步入茶馆才能体会。那些历史与沧桑都曾是先人的足迹和影子,信手拈来都是故事。这茶馆不仅仅是一个喝茶的地方,更是一次心灵的洗礼,一次穿越时空的旅行。"

在这座满载上海记忆的茶馆中,每一缕茶香都蕴含着厚重的历史与深邃的文化底蕴。在这里,品茶已超越了简单的味觉享受,它成为一种情感的释放,一种对过往岁月的感慨,更是一种独特的文化体验与生活理念。在那个怀旧尚未

▲ 近悦远来的外国游客

成为潮流的年代,老上海茶馆以其独特的怀旧氛围,在都市的喧嚣中独树一帜,引起了国内外媒体的广泛关注。国内外的电视台、杂志、报纸也争相报道,光电视台的报道就不下五六十次,报刊的报道就有100多次。如《人民日报》《解放日报》《新民晚报》,中央电视台、东森电视台、英国BBC等也拍过多次的纪录片,如上海东方电视台拍摄了《老上海茶馆》的纪录片等。各语种的导游书都有文字介绍。随着口碑的累积与媒体的推波助澜,老上海茶馆逐渐成为了国内外游客争相探访的文化地标,捷克总统、西班牙议长、各国总领事等国际政要,以及《上海年鉴》国际学术论坛的嘉宾都纷纷踏足此地,感受时空韵味。

25载春秋,老上海茶馆以装置艺术理念来设计布置,以博物馆加茶馆的方式运作,以"情怀"为经营准则,以"考究"为服务标准。其独特魅力已然成为上海乃至中国茶文化的一张亮丽名片。在国内先后获得过"全国十佳茶馆""上海十佳茶馆""全国百佳茶馆""上海特色名茶楼"等,被国际茶协评为"国际交流典范茶馆"等荣誉。茶馆策划的"文化寻踪——探访老上海"公益活动,获得"2015年度上海市公共文化建设创新项目"等殊荣。

老上海茶馆勇担社会责任,是上海公益文化配送基地,为上海社区学院举办了一年多的"学说上海话,做海派手工""中国名茶品鉴会"等社会公益活动。它还与新民晚报社合作,赞助了"上海闲话"板块,为传承、保护上海话做出了应有的贡献。被上海市老年教育工作小组办公室评为"老年人社会学习点"。

老上海茶馆也是了解上海海派文化、江南文化的一扇窗口,曾为在上海的老外举办了多种活动。如为美国太太协会介绍上海生活指南,为老房子协会介绍上海老建筑;2002年春节,邀请著名作家程乃珊为老外介绍在上海怎样过春节等。

为宣传海派文化、江南文化,我们举办多期民间社会活动,诸如:老上海油画资料展;百年老上海,迎接新世纪展;老上海旗袍展;老上海淑女遗韵展;老上海摩登金曲展;张爱玲《太太万岁》电影手稿展……

还有诸如:旭日上海——50年代的上海;孝文化海上行——孝文物展;老餐犹记——老上海食文化展……

2022年初,因市政建设房屋征收,上海老茶馆搬离了老城厢、撤离了上海老街、远离了豫园商圈。现今入驻在静安区江宁路495号(博鸿大厦27楼)。但我们还在探索创新,并顺利申请了非遗项目"元宝茶"。

茶客中也逐渐形成了过新年要到老上海茶馆"吃头茶"(品元宝茶)、"吃头面"(吃老克勒辣酱面)、到玉佛寺、静安寺的"拜头香"文化风尚。这些活动不仅丰富了茶客们的节日体验,也让老上海茶馆成为传承弘扬传统文化的重要阵地。非遗项目元宝茶大礼包也被评为"2023年度时尚食品"。我本人也被评为"元宝茶"非遗文化代表性传承人,并把这非遗项目发展为"迎宾茶""压岁茶""相亲茶"。这些创新举措不仅吸引了更多年轻人的关注与喜爱,赋予了非遗项目新的生命力和发展空间,也让老上海茶馆在新时代中焕发出了更加蓬勃的生机与活力。我想,这是作为上海人应有的品格,也一直是上海人应有的底色与腔调。

南风拂处悦『佳厢』

陈椰明

▲ 士林·润园项目效果图

▲"有巢·南舒房"项目

关于上海地标与历史文化，有人说松江是上海之源；也有人说外滩有"远东巴黎"的独特魅力；还有人说是陆家嘴、南京路、淮海路等。但我感觉，原南市区的上海老城厢地区堪称上海地标，其自元朝建县延续近代开埠，保留着显著的江南历史文化，是优秀传统文化传承与发展的"文化之窗"。

2017年始，我担任上海南房（集团）有限公司（以下简称"集团"）主要领导，我参与了老城厢城市更新，经历了与老城厢的"厢"遇之旅。

不让未来失去老城厢的历史记忆

2019年11月，习近平总书记在上海考察时要求："要妥善处理好保护和发展的关系，注重延续城市历史文脉，像对待'老人'一样尊重和善待城市中的老建筑，保留城市历史文化记忆，让人们记得住历史、记得住乡愁，坚定文化自信，增强家国情怀。"我深受启迪。

2021年，集团牵头编撰出版《上海

▲《上海老城厢》创刊研讨会

老城厢》杂志，挖掘、串联和传播老城厢历史故事、社会人文和推介区域发展的新蓝图、新变化、新成就，更好地助推企业服务发展，至今已出版12期，取得良好社会反响；2023年，集团与学林出版社共同成立了"老城厢读书会"，建立了守护上海城市历史文脉、保护传承老城厢文化的重要党建文化平台；2024年，集团与老城厢区域内14家单位共同发起了"老城厢·新品质"生活圈党建联席会议，推出"南风启梦途"四大行动，以项目化为抓手，内聚共识、外引资源，共同汇聚老城厢历史记忆，共同助力老城厢的城市更新。

我体会，老城厢城市更新，绝不意味着彻底抛弃。老城厢旧墙老屋间的古迹、独特的民居建筑及市井生活文化，既是上海之宝，也是老城厢之根，更是海派文化之魂。我感悟，老城厢传统文化和生活方式厚重的历史感。我期待，作为国企房地产服务商既要在经营发展中为当下的群众打造品质日趋精致的居住环境，更要为后人留下值得回味的"佳厢"城市记忆。

不让历史成为老城厢的发展包袱

在上海城市更新过程中，老城厢一词似乎是城市发展落后的代名词，除了城隍庙、豫园还让你能感受到上海文化的气息，老城厢留给人们的印象就是人口密集、道路狭窄、房屋老旧、管理混乱，仿佛该地区与历史上繁盛一时的上海老城厢并不处于同一个地理空间一样。我集团在很长一段时间里，是维持稳定兼顾托底保障的区属房管国企，主要是在老城厢破旧的"外衣"上进行"缝缝补补"，看似是在守护城市历史的厚重，但却未能让生活在这个地区的老百姓真正获得时代、城市发展带来的红利。

2019年11月2日，习近平总书记在上海考察时指出："无论是新城区建设还是老城区改造，都要坚持以人民为中心，聚焦人民群众的需求。""让人民有更多获得感，为人民创造更加幸福的美好生活。"

"唯有担当齐协力，可叫旧厢换新颜。"近年来，集团在商品房开发上主动参与市场化竞争，在老城厢区域相继推出了"五坊园""庆成府"等高档商品房项目，进一步提升了区域的环境品质；在全市"二级以下旧里攻坚战"全面进行的那段"激情燃烧岁月"，按照区委、区政府的要求，集团全力以赴、全情投入，攻克了一个又一个难关，保质保量快速完成了征收任务，创造了一个又一个南房历史上的旧改征收新纪录。

2023年，集团自我加压，在保屯路211弄旧住房拆除改造项目中创造了当年"五个全市第一"（成套改造居民参与度四个100%、大体量旧住房改造项目二轮征询首日签约率第一、12天实现100%、签约生效后全部搬离速度最快、开工速度最快）佳绩，成为"两旧"改造工作第一个"吃螃蟹"的黄浦企业。在集团(南房人)共同努力下,老城厢正在一步一步走出历史,南风拂处悦"佳厢"。

用我们的努力点亮老城厢的未来

当前,上海正处于"五个中心"建设、推进社会主义现代化国际大都市建设的关键期。黄浦也正围绕"心脏、窗口、名片"定位,努力推动中国式现代化在黄浦形成生动实践,美好的未来老城厢怎能缺席?

在集团"十四五"规划中,我结合老城厢未来发展和城市更新提出了三大"赛道"的目标和措施。一是开发"赛道",就是借助老城厢历史更新的宝贵

◀庆成府项目效果图

机遇，通过高质量商品房的开发，助推老城厢实现华丽转身。除前文提到两个项目外，集团正在推进"士林·润园"项目，2023年末、2024年初有望实现预售；集团还在推进"781"地块，"恒安坊""红房子医院"周边地块等项目的前期准备工作，老城厢未来可期。二是运营"赛道"，习近平总书记要求："要践行人民城市理念，不断满足人民群众对住房的多样化、多元化需求，确保外来人口进得来、留得下、住得安、能成业。"从安居角度来看，黄浦的高房价让很多优秀人才望而却步。集团将在做大做优"南舒房"租赁项目的基础上，加紧开发厅西路、申贝地块等保租房项目，积极打造具有老城厢特色的"一张床、一间房、一套房"多层次租赁供应保障体系。同时，集团根据老城厢居民改善宜居需求，将在重点项目的开发中预留一定数量的商业房源资产，为今后提供兼具"烟火气"和"商业气"融合的老城厢"人民市集"做足充分准备。三是民生"赛道"，既要在"两旧"改造中再立新功、再创佳绩，也要在改善老旧小区服务质量和保障能力上给出"南房"方案，更要通过高质量实施老城厢地区的各类代建工程提升南房集团的建设能级和社会影响力，南风拂处悦"佳厢"。

"岁月静好，南风拂行；佳厢繁景，功成有我。"老城厢的发展单靠个人情怀和一家企业的努力，显然是不够的。我希望未来能够有更多的有识之士来关心支持老城厢发展，我憧憬着老城厢的美好未来！

上海小东门（上海）

Shootungmen, Shanghai. Since the city-walls were removed, Shootungmen has become one of the busiest streets in the old Shanghai precincts.

小东门：
上海钱庄业的肇兴之地

许 斌

　　小东门即原上海县城城门宝带门，其旧址在今方浜中路东首人民路口，辟建于明嘉靖三十二年（1553），于清宣统二年（1910）改建，1913年拆除。小东门与城外的十六铺紧相毗连，向有内外小东门之称，且西与城隍庙、豫园商城相邻。明清时期，小东门大街是当时上海最繁华的商业区。这里集中了银楼、棉花、绸缎、绣品、皮货、参茸、药材、木器、京广杂货、洋货、海味、南货、腌腊等各类店铺。

　　商业的繁荣，催生了金融业的兴

起。上海钱庄始于何时？至今已成为金融史上一个隐谜。上海钱业领袖秦润卿先生曾说上海钱业始于绍兴人开设的煤球店，这是钱业老辈口口相传的一种钱业起源说。郭孝先在1921年创设的《钱业月报》第一卷第4号《论钱业的过去及将来》一文中是这样写的："惟据一般的传说，谓当1736—1795年间，上海尚未开埠，其时有浙江绍兴煤炭商人在南市开设炭栈，时以栈中余款兑换银钱，并放款于邻近店铺及北洋船帮，以权子母，以后逐渐推广，独树一帜，遂为上海钱业发起之鼻祖。"民国学者潘子豪在其出版于1931年的《中国钱庄概要》一书中也是持这一观点。由此看来，上海钱业很有可能始于绍兴炭商，其发源地则在上海南市。

清朝嘉、道年间，宁波镇海柏墅方氏家族第一代人方亨宁、方介堂来上海发展。到了19世纪初，方氏家族已成为

▲上海最早的钱业公所位于豫园的内园

▲清末小东门街市

▲20世纪30年代的东门路

▲20世纪80年代的小东门

▼小东门,城楼可见"宝带"二字

▼上海老街和宝带弄

上海糖业界里的佼佼者。糖业中获利后的方氏家族第二代创业人方润斋,并没有在叔父草创的事业上坐享其成,而是继续努力。他随叔父来沪习商,因才识过人,很快成为方介堂的得力助手,并继承了方介堂的衣钵,成为方家第二代中的领军人物。他携四弟方梦香开设了"莘和糖行"和"振承裕丝号",并于1830年左右,开设了位于上海南市小东门的"履和钱庄",这是方家开钱庄之始,也是宁波商帮在上海开设钱庄之始。虽然方润斋还兼营土布和杂货,但是这个小小的钱庄为方家打开了另一个天地。履和钱庄因为是开在南市,所以称为南履和,1870年改名为安康钱庄,1947年因其与重庆安康银行同名,改名为安康余钱庄,1950年该钱庄经营120年后歇业,横跨一个多世纪历尽风雨巍然不动,其存续时间之长在整个上海钱庄史上空前绝后。方氏家族最高峰时拥有42家钱庄,其规模在旧上海也堪称绝无仅有。

一枝独秀不是春。在以小东门一带为中心的上海南市老城厢,历史上曾经有大量的钱庄等金融机构入驻。1776年,在方维馨、王聚安的倡议下,钱业同人经酝酿,集资1000银两,买下邑庙东园晴雪堂的房产,作为钱业总公所办公地,称内园钱业会馆,以秦裕伯为祭

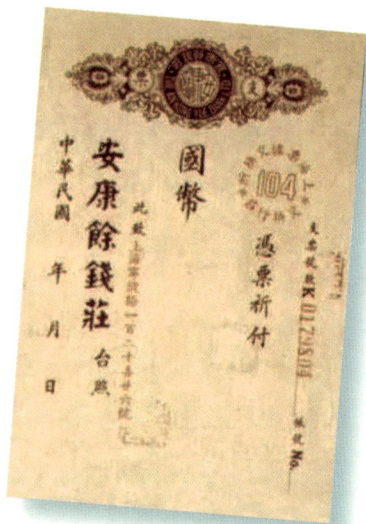

▲安康余钱庄支票

神。凡关于钱业的公共事项，均于此公议，所谓"以时会集，富群乐之雅，事涉阃诣，辄就谋议"。在著名的《重修内园碑记》上记载，1776—1781年钱庄18家；1786—1796年钱庄64家；另有残损不能识别庄名的钱庄24家；总共106家。这些钱庄中的82家是目前可见最早的上海钱庄庄名，其规模可见一斑。据《上海钱庄史料》记载，"南市钱业公所的入园（汇划）钱庄：1876年有42家、1883年有23家，1886年有31家，1888年有25家。这些钱庄集中在里马路（现中山南路）王家码头附近的敦仁里、绵阳里和吉祥里，所占面积很大，同属早期石库门房屋，这些里内的房屋过去也大多开设钱庄、银楼和字号，曾经形成另一个金融中心，即所谓南市行市。

百年巨变，沧海桑田。如今有上海之根在松江、上海之源是青浦之说，这些概念是基于行政地理和史前考古发现而言。但也有观点认为，上海城市文明起步于南市老城厢。现在上海城市文明普遍被叫作"海派文化"，有人的理解是起源于租界文化，似乎租界中的上海才叫海派。实则在租界之前，上海近代的城市文化已显著体现在老城厢之中。仅钱庄一业，便在此地大放异彩。只是后来自小刀会占领上海城开始，南市一直发展缓慢，其深刻内因即居住其中的商界人士为了躲避战火而移民租界，老城厢因此渐渐失去了其发展的内在动能。如今南市区因并入黄浦区而不复存在。

遥想当年小东门熙来攘往、万商云集的盛况，上海近代商业中心、金融中心的地位，似乎正是从这里迈出了坚实的第一步。

探寻南浦大桥建桥资金的来源 汪新民

南浦大桥的诞生,是上海改革开放后城市建设中的一个标志性事件。其设计理念不仅体现了桥梁工程的美学价值,还融合了功能性与经济性的考量。自1991年建成通车以来,更是连接浦西与浦东的重要交通枢纽。作为当时世界上跨度最大的斜拉桥之一,南浦大桥的建成标志着中国桥梁建设技术的一大飞跃。其全长8626米,主桥长846米,主塔高149.5米,桥面宽30.35米,主跨423米,桥下净高46米通航船舶,雄伟壮观,有效缓解了黄浦江两岸的交通压力,促进了上海经济的快速发展。正如桥梁专家所言:"桥梁不仅是连接两地的通道,更是推动社会进步的纽带。"南浦大桥的建成,不仅缩短了上海市民的出行时间,也成为了上海城市现代化进程中的一个缩影。

南浦大桥的横空出世是上海人民的骄傲,更是当年老南市居民在生活和交通方面付出巨大牺牲换来的辉煌成果,整个工程共动迁居民5152户,企事业单位205家,没有一户"钉子户"。人们津津乐道、口口相传了许多建设南浦大桥中的小故事,譬如是一个小学生想出了如今浦西段盘旋而上的引桥;是桥梁专家林元培先生首先提出斜拉索桥梁的构想;南浦大桥的钢索采用了当时世界上强度最高的钢丝,其抗拉强度达到了1860兆帕,这使得斜拉索的直径得以减小,从而降低了风阻,提高了桥梁的稳定性和耐久性,等等。一场特大事故加快促成了黄浦江上在市区建桥的工程立项。1987年12月10日,一场大雾封江导致越江轮渡停摆,陆家嘴渡口过江人员滞留过多,开航后发生人流踩踏事故,造成66人死亡、2人重伤、20多人轻伤的惨案。事故引起社会高度关注,党中央下决心要改变上海落后的交通状况。

当时黄浦江上有一桥一隧道,桥是1976年建成的连接松江和金山的黄浦江大桥(公铁两用),隧道是1971年建成的打浦路隧道(是新中国第一条江底隧道),只有两车道,不能应付市区日益增长的两岸交通。要改变上海黄浦江两岸的交通是造桥还是建隧道?市领导听取专家的建议决定造桥,据说有个因素是桥在江面上,其飞架浦江东西两岸的建筑形象对普遍提振市民的信心有

极大的促进作用,隧道在江底下看不见摸不着,市民直观感受不大。造桥特别是在市区造,涉及动迁、工程建造款项,资金之巨大是上海难以承受的。当年上海承担了国家财政收入六分之一的上交任务,本市财政拮据,城市面貌陈旧,交通极其拥挤(上班挤公交车要后面人推才能上去),市民怨气较大,信心

▼1996年的南浦大桥

确实需要提振。

要造桥就要有资金。江泽民同志1985年到上海工作,曾经问过负责财政的副市长叶公琦同志上海的财政状况。叶公琦同志回答是吃饭财政,要想搞点城市建设,只能是两手一摊,没钱。根据历年的统计数据,1949年–1990年,上海累计财政收入3911.79亿元,上交中央财政3283.66亿元,基本上占了上海地方收入的83.94%。1988年后,上海与中央实行"基数包干上缴,一定5年"的财政管理体制,包干上缴基数定为105亿元。当年国家经济规模不能与今天同日而语,上海全年的财政收入为153亿元左右(还不如今天一个区的财政收入),按照原制度需上缴119亿元,但财政包干后实际上缴105亿元。

这样的财政状况,要造一座大桥(造好后核算花了人民币8.2亿元,当年豫园商城上市集资6.2亿元,这已是原南市区财政年收入的整整一倍,那时人们的目标是成为"万元户",可见8亿多元是个天文数字),显然是有点捉襟见肘的。新中国成立后一直强调建设要自力更生、量力而行。改革开放后,观念变了,但巧妇难为无米之炊,要敢于借钱搞建设,是当时观念更新的重要一环。南浦大桥是上海也是全国最先利用世界金融资金建造的大型基建项目之一,国务院批准了上海采取自借自还的方式扩大利用外资规模的方案,亚洲开发银行(亚行)向上海伸出了援助之手。基于上海南浦大桥项目符合亚行贷款原则,即有利于促进当地经济发展、改善民生、推动区域合作;并通过可行性研究得出可行的结论和作为借款人上海市政府具有良好的资信状况等条件,答应给南浦大桥项目7000万美元的贷款额,给予重要的资金支持。同时亚行牵头和提供部分担保,组成由巴黎国民银行、法国兴业银行、日本兴业银行等8个国际商业银行和1家日本保险机构组成多边金融财团，再提供了4800万美元的联合融资，作为亚行的补充贷款，保证了大桥建设资金的落实。

这样上海就从国际金融市场上融得了1.18亿美元的建设资金，1.18亿美元当时是什么概念呢？当年我国外汇市场没有放开，官方汇率是1美元:3.7221元人民币，但这汇率在国内基本上换不到美元。国家外汇调剂市场上1988年初是1美元:5.7元人民币，年底就到了1美元换7元人民币。这1.18亿美元基本上解决了南浦大桥的建桥资金。上海市政府再抽调一些资金作为补充资金，南浦大桥初步预算就实实在在地落实了。

有了建设资金的保障，上海南浦大桥从1988年12月15日正式开工，到1991年12月1日正式通车，在浦西陆家浜路到浦东南码头的黄浦江江面上飞架起一条钢铁巨龙，不仅成为上海市民日常出行的重要通道，更在市民心中占据了特殊自豪的地位。作为上海地标性建筑之一，南浦大桥见证了上海从一个传统工业城市向现代化国际大都市的转变。据统计，目前南浦大桥每日承载的车流量超过10万辆次，它不仅缩短了浦东与浦西之间的距离，还极大地促进了两岸经济的交流与发展。在全体上海市民心目中，南浦大桥不仅仅是一座桥梁，更象征着上海的繁荣与进步。正如海明威所言："我们都是在世界这个大舞台上表演的演员。"南浦大桥正是上海这座大舞台上不可或缺的道具，它承载着无数市民的希望与梦想，成为了连接过去与未来的纽带，更使上海今后在国际金融舞台上成为一个长袖善舞的出色舞者。充分利用上海的特殊地位，从国际金融市场上募集巨大的建设资金，为上海城市面貌的改变做贡献，南浦大桥是一个利用外来资金搞城市建设的成功案例，浦东开发开放后，上海真正成为一个国际化东方大都市。

▲原公私合营上海刃具厂　▲刃具厂公司浦江新厂区

老城厢里弄生产组
发展时代的故事

高其昌

2023年10月,在黄浦区国资委指导下,我兼任了上海中恒集团管理岗位。中恒集团前身是老南市区集体企业资产管理部,再往前依次是南市工业总公司、南市区工业公司、南市区集体事业管理局,以及老南市区手工业局。应该说,我与老南市区里弄生产组(街道工厂)的渊源是很深的。我想讲讲几个有趣的故事。

"白手起家"的里弄生产组

说到老南市里弄生产组发展变迁,那就是一部浩瀚的史书了。20世纪50

年代初至60年代初,是里弄集体生产事业的大发展时期。我父母这一代的妇女同志,为了响应政府"鼓励妇女走出家门,利用手工作坊补贴家用"的号召,搬出家里的缝纫机就加入了社会主义的建设中。尽管生产工具落后,场地环境逼仄简陋,但生产工作依旧轰轰烈烈、热火朝天地开始了。老式民居的客堂、厢房、亭子间,甚至弄堂口的过街楼下,哪里都可以是工作台。

有趣的是,以地界为划分,环城内老城厢的里弄生产组,所从事的行当往往与传统手工业有关,譬如糊信封、粘纸盒、裱画、竹编、圆木、绒绣、裘皮玩具、戏剧服饰等;而环城外区域,特别是陆家浜以南地区的里弄生产组,所从事的行当往往是与工厂配套的,如从工业废料中提炼金属、整修废旧油漆听桶等。

蒸蒸日上的街道工厂

1963年开始,一些发展较好的里弄

▲上海刃具厂蒙自路厂区
▼上海刃具厂有限公司获上海老字号证书

生产组扩容升级,成为街道工厂。到1977年,根据上级安排,区属的街道工厂全部划归市手工业局管辖,南市区手工业管理局也随之撤销了。而没能合并为街道工厂的一批里弄生产组,包括

▲1982年刃具厂操作比赛

▲上海刃具厂职工群体

▲上海刃具厂有限公司生产现场

▲上海刃具厂有限公司新车间

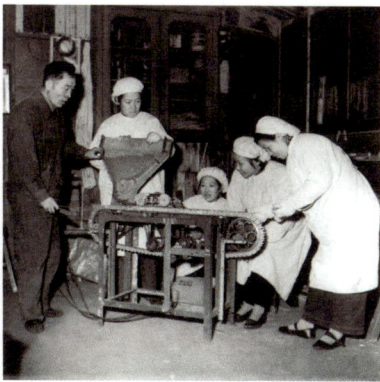

▲里弄生产组　　　　　▲1958年蓬莱区陈家桥街道工厂　　　▲南市区手工业局所属火炬
电瓷厂、燎原电器厂生产的
电子仪表类产品

配套设施里弄食堂和里弄托儿所，从业人数达2万多人。为了解决这个问题，次年，南市区内的里弄生产组开始正式跨出"并组为厂"的步子，释放了一个很好的改革信号，提振了队伍的信心。有职工也戏称"戴上了工厂的呢帽子，穿的还是生产组的破裤子"，但这带来了切实的好处：一方面，原里弄生产组是日薪制，"并组为厂"后，就是月薪工资制。据统计，当时职工因此月平均工资增幅有七元多。要知道，当时职工的月收入也就三十多块钱，这增幅是可观的；另一方面，有了退休和评职称的制度，光是1979年就有一万多人退休，还新吸收了三千多个返城青年进厂，有的青年工人被授予了技术员、助理技术员

▲超达食品厂
▼上海三圈特殊刃具有限公司揭牌

的职称，这促进了街道集体事业向年轻化、知识化的方向成功转型。

老城厢里的福利工厂诞生

值得一提的是，南市区的集体企业还有个显著特点，就是吸引了大量残疾人员就业。区手工业管理局曾几次成批安排残疾人参与工作。在区手工局的党委领导班子中、基层单位主要负责人中、党组织重点培养的青年干部中，都有残疾人。这是社会主义制度创造的一件骄傲、光荣、高尚的事情。

1992年底，为贯彻"按劳分配，适当照顾"的原则，保障残疾职工的合法权益，飞达、东方、丽华、中华4家工业公司试办了福利工厂，将残疾人员（包括智力残疾）集中起来从事相适应的生产劳动，并经过两年的发展，形成了一定的生产规模。从社会效益看，真是利国利民的好事。

超达食品厂的前世今生

1995年,经过前期扎实的发展和基层企业在市场竞争中的分化,区集管系统已经有了以4家企业形成的创利支柱产业,分别是超达食品厂、华丰摩托车配件厂、飞虹轴承厂和智能电器二厂。其中我想着重讲一讲超达食品厂。

超达食品厂的故事起源于新肇周路,前身是瞿溪食堂。1984年,在瞿溪食堂的基础上,改办成上海市味而美食品厂,该厂以"超达"为品牌名,研发了三种泡泡糖和两种乳酸菌奶糖。

"超达"泡泡糖是不少80后、90后的童年回忆。放学之后头件事是与小伙伴结伴去文具店买零食。在此之前,仅有口香糖的品类,泡泡糖这种不同于口香糖,能够吹出极大泡泡的糖果,是比较新奇、比较"潮"的东西。学生们习惯收集包装盒里面附赠的圆形人物粘纸,比赛谁吹的泡泡大。大人也要额外"恐吓"一句:"伐要吞下去啊,否则肠子

▲上海超达食品工业有限公司生产的"恩恩爱爱"喜糖

▼上海超达食品工业有限公司生产的"超达"泡泡糖

要打结的。"

"超达"泡泡糖的广告在中央电视台播放，线下也联系央视等媒体，举办了吹泡泡比赛，产品影响力不局限于南市区、上海市，覆盖了全国大部分省区。"超达三色泡泡糖，能吹三层泡，还能吹哨哨……"这句广告词一时间风靡全国。

工业企业的老字号"三圈牌"

1996年，上海中恒集团成立了。在最初几年的扩张期中，集团不断扩大涉猎领域，包括金融、旅游、房地产、珠宝、出租汽车等板块，甚至还有海外投资。此外，中恒集团还接受了一批原市属的企业，其中有一家，就是上海刃具厂。

上海刃具厂是生产以螺纹刀具为主的金属切削工具的专业企业，主要产品有丝锥、板牙、搓丝板等，在国内的市场占有率达20%。刃具厂的"三圈"牌刃具商标，是上海的"老字号"品牌。"三圈"牌在中国工具行业和广大用户中具有广泛的影响力和良好的声誉。

20多年来，中恒集团下面大量的工厂顺应趋势，改制的改制，关停的关停，风风雨雨中，刃具厂是积极迭代更新的那一批，生命力很旺盛，只是厂址从原本的蒙自路搬到了闵行区的浦江镇，这是适应时代发展的。

中恒集团依托老城厢空间和人力资源稳步发展成长，现在的集团本部坐落在中山南路上。再漫步于此处，能清晰感受到这里是市中心，是上海的"心脏、窗口、名片"。如今老南市区的各个厂房原址已是大厦林立，高架拔地而起，马路车来车往。仅剩的老厂房也隐于市间、改头换面，焕发出了新的文创生机。

"南市区"已成为历史。但来来往往、时过境迁，不变的是事业发展的初心。

后记

叶谦逊

经课题组努力，"黄浦岁月"系列继《独秀一隅》《海派一街》之后，《华亭一脉——申城之根老城厢》即将出版。黄浦区"十四五"规划是打造新时代上海面向全球"心脏、窗口、名片"目标。该书采用民间视角作文化铺垫；诠释红色文化、海派文化和江南文化在上海中心城区延续、演绎的烟火气故事，为人们在上海中心城区漫步赋能、体验历史文化的脉动，恰逢 City Walk 时代的时尚契机。

该书涉及黄浦区域的豫园、小东门、老西门等街域空间。课题组成员通过寻觅老城厢变化亲历者、热爱老城厢生活原住民，挖掘昔日城墙、城门、园林、书院、弄堂、老街和人物故事；再现豫园、文庙、白云观、小桃园清真寺，乃至于老城厢警务场所；采访了百年老字号，如情系豫园园林的陈业伟先生后代、上海老八股之一从豫园商场到豫园商城的风起云涌变迁、有志企业家在方浜中路上开发"上海老街"的往事、新上海人陈雷龙参与福佑小商品市场创新发展等，体现中华文化和江南文化魅力的人文叙事，或将弥补官方记载中缺失的细节与情感元素。

该书着力探寻申城之根老城厢的历史演变。苏秉公主编在《溯源上海：源自松江，根在老城厢》文中写道"上海这座城市源自华亭、松江乃至整个江南地区，基因中带着江南传统的（文化）元素"。希社会各界对老城厢新话题怀有持续兴趣。

该书注重展示老城厢社会经济文化的鲜明特色，且可看性较强，主要是：一、教育文化遗迹遍布，上海文化人最先接纳近代城市文明，便在老城厢开办多家书院。如清咸丰年间上海文庙搬到老西门期间，以文庙为中心，敬业、蕊珠、龙门、梅溪四大书院齐集，虽经百年风雨，四大书院中有三所的文脉保留至今，难能可贵；"海上名庠岁月典范——上海市敬业中学"有270多年历史，是上海历史最悠久的名校之一；梅溪书院及后来的梅溪小学（梅溪弄）开创了教育史上的诸多"第一"，其最先在课堂上废除陈腐经史之学、最先吸收女学生并开创男女同校、最先实行勤工俭学等；挖掘老城厢的丹凤路故事"丹凤传奇；上海古城深处的历史瑰宝"等具穿越历史之感。二、原住民生活叙事鲜活，有讲述老城厢石库门里近邻互帮生活方式的"我从三牌楼路走来""浦江逐浪话变迁"追忆着孩提时代徜徉于黄浦江"野泳"经历，并栩栩如生刻画那些年"野蛮小鬼"生活趣事。三、岗位履职经历追忆，94岁高龄的李伦新曾担任南市区区长，"有关上海城墙上之大境阁的点滴记忆"中，他说："大境阁建在大境箭台上，是一座结构精巧、造型别致的抱厦式三层楼阁,供奉关帝像(原称关帝殿);'大境阁'抢救性保护是机缘巧合,事在人为,功德无量。"四、老城厢宗教文化介绍,在"老城厢的三教五场所"一文中,作者从专业角度介绍了老城厢历史上存在过上百家宗教场所,具有相当丰厚的宗教资源禀赋;现存有的3个教别、5个宗教场所均为全国、市级或区级文物保护单位,具有"教派多、数量多、级别高"特点,在城隍庙内还形成了"前殿供霍,后殿供秦"的独特供奉格局与文化现象。五、专家学者叙事点睛,"问名'仪凤门'"作者解读上海老城厢"仪凤门"(老西门)的城门设计与中华传统的建城风水理念契合,并系统策划"吾园计划"老西门街区创新发展蓝图;"小东门,上海钱庄业肇兴之地"点睛老城厢商业发达与金融业发展关系,在1736年前后,上海尚未开埠,有浙江绍兴煤炭商人在南市开设炭栈,时以栈中余款兑换银钱,并放款于邻近店铺及北洋船帮,以权子母,独树一帜,遂为上海钱业发起之鼻祖,发源地就在老城厢;"陈从周与豫园"作者介绍了陈从周先生与豫园园林历经30余载缘分,从"以画入园、以曲悟园、以园为家"三个视角介绍了豫园园林艺术样式,百看不厌、回味无穷。六、岗位领导谋划老城厢街区发展蓝图,如南房集团领导和老西门等街道领导分别介绍了遵循老城厢资源禀赋,探索城市更新模式,践行人民城市情怀,展望新时期推进发展的美好愿景,充满期待,鼓舞信心。

2024年11月初,习近平总书记给上海"老杨树宣讲汇"全体同志回信指出,你们结合亲身经历,向市民讲历史,讲党的创新理论,讲新时代上海城市发生的可喜变化,这是很有意义的事情。

上海华夏文化创意研究中心课题组都是退休老同志,感怀黄浦区厚重历史文化,自觉呼应红色文化、海派文化、江南文化在黄浦的民间之往事、趣事和故事;自觉演绎美丽黄浦时代要求并巧遇 City Walk 时代的时尚契机。他们发挥着主动性并带着与上海中心城区共赴美好愿景的使命感,共建和谐美丽的城市文化。

城厢七百系华夏,上海谁说始渔村?纵观国际影响力城市皆注重"文、旅、商"互动共享。"文"彰显城市底蕴,叙述城市故事;"旅"遵循规律模式,引流兴趣游客;"商"营销品牌魅力,优化商业结构。愿老城厢人文融入时代潮流。

在该书编撰过程中,幸获中共黄浦区委宣传部"逐梦新时代,奋进建新功"项目指导与扶持;又获黄浦区老干部局、区文保所关注与支持;更有百年老字号——老凤祥品牌互动与支持,在此一并表示感谢!

图书在版编目（ＣＩＰ）数据

华亭一脉：申城之根老城厢 / 苏秉公主编；叶谦逊, 张林凤副主编. — 上海：文汇出版社, 2025. 5.

ISBN 978-7-5496-4508-4

Ⅰ. K295.13

中国国家版本馆CIP数据核字第20254BV129号

华亭一脉
——申城之根老城厢

主　　编 / 苏秉公
副 主 编 / 叶谦逊　张林凤

责任编辑 / 熊　勇
书名题字 / 王伟民
封面绘图 / 王贵良
插　　图 / 王贵良　林　琳
装帧设计 / 王敏杰

出版发行 / **文匯**出版社（上海市威海路755号　邮编200041）
经　　销 / 全国新华书店
印刷装订 / 上海锦佳印刷有限公司
版　　次 / 2025年5月第1版
印　　次 / 2025年5月第1次印刷
开　　本 / 787×1092　1/24
字　　数 / 250千
印　　张 / 13

书　　号 / ISBN 978-7-5496-4508-4
定　　价 / 68.00元